prologue

多くの人は「運」を偶然性によるもの、あるいは生まれつき天から与えられるものととらえ、自らの力で「運がいい人」になろうとは考えません。

しかし私は断言できます。
運とは、自分で高められるものなのです。

私はこれまで、数多くの成功者たちとビジネスをともにしてきました。そのなかには、世界中に名を馳せる有名企業の経営者や投資家など、総資産10億ドル（約1000億円）以上の「ビリオネア」たちもいます。

彼らに共通しているのは、皆、「自らの思考と行動で運がよくなる」ことを正確に理解し、運を味方につけていることです。

人生を大きく左右する運。

この本では、私が成功者たちに学び、実践してきた「運がいい人」になるための方法を紹介します。

そう聞いて、あなたはこのように考えるかもしれません。

「そんな成功者たちが実践することなら、さぞかしレベルの高いものだろう。自分にはとても真似できない」

いえ、むしろ成功者ほど日常を大切にし、日々の思考と行動によって運の流れを味方につけているものなのです。
それが、本書のタイトルでもある「小さな習慣」です。

では、その「小さな」とは具体的にどれほどの時間でしょうか？
たったの1分です。

たった1分の「小さな習慣」を積み重ねることで、あなたは心から仕事を楽しみ、お金の不安が消え、笑顔の絶えない家庭を築く、理想的な人生を手に入れることができるのです。

さあ、心の準備はできましたか？

はじめに

こんにちは。私はサチン・チョードリー。インド人です。

インドの首都・ニューデリーで生まれた私ですが、幼少の頃に一度、父の仕事の都合で日本で暮らしていた時期があります。

ときはバブル景気の真っただなか。電気や水道といった社会インフラすら十分に整っていないインドからやって来た私にとって、バブル期の日本の狂騒は、何よりも華々しい世界に見えました。

やがてインドに戻ってからも、日本で見たきらびやかな光景が脳裏に焼きついたまま、いつしか日本で成功することが自分のなかの目標になっていたのです。

そうした憧憬《しょうけい》を追うようにして、私が再び日本へやって来たのは1996年、23歳のときです。しかし、当時の日本はバブル経済がはじけた後。

そのうえ私は、お金もコネもなく、カタコトの日本語しか話せない状態でしたから、仕事も簡単ではありません。来日してからは、しばらく電話回線の飛び込み営業をしていた時期があるのですが、何しろ言葉も不十分なのですから、営業職が務まるはずがありません。仕事で思うような結果が出せず、預金通帳の残高はわずか3万円に。

日本の環境や習慣に対する戸惑いもあり、私は精神的にギリギリのところまで追い詰められていきました。

そんなある日、たまたま出会った印僑《いんきょう》と呼ばれるインド人大富豪にこんな助言をいただいたのです。

「君はきっとうまくいくよ。ちょっとだけ変わることができればね」

それは、一刻も早く成功したいと焦っていた私にとって、ひとつの啓示として聞こえたものでした。

人は、「ちょっとだけ」なら変わることができます。その「ちょっとだけ」の積み重ねが、やがては自分を大きく変え、成功へ導いてくれるのではないか。

そんな視点からまわりにいた成功者たちを眺めてみると、いくつかの共通するパターンが見つかりました。

まず、彼らは常に「可能思考」で考えます。どんな状況でも必ず「どうすればできるのか」を考え、物事を動かしていきます。

次に、彼らは「コンフォートゾーン」を嫌います。自分の慣れ親しんだスタイルを繰り返すよりも、新しいことに挑戦することを優先します。

また、彼らが何よりも重視するのは行動です。ＰＤＣＡのうち、優先するのはＤ（Do＝実行）とＣ（Check＝評価）。まず行動し、走りながら考えるのです。

私はその後も多くの成功者たちとビジネスでお付き合いをしてきましたが、職業、年齢、国籍はさまざまでも、成功者たちは不思議なほど似通った法則を持っています。

彼らの思考と行動を自分のものにしたい！

そう考えた私にヒントをくれたのが、ヒンズー教のこんな格言でした。

「心が変われば態度が変わる。態度が変われば行動が変わる。行動が変われば習慣が変わる。習慣が変われば人格が変わる。人格が変われば運命が変わる。運命が変われば人生が変わる」

このなかで、私が注目したのは「習慣」です。

成功者の思考や行動を「習慣＝ルール」として日常生活のなかに落とし込めば、習慣とは、思考や行動をルール化することです。

心や態度が変わり、運の流れが変わり、人生が変わっていくのではないか。

私は、徹底的に成功者たちの思考と行動のパターンを観察し、洗い出し、習慣としてリスト化していきました。

そして、そのリストを眺めたとき、愕然《がくぜん》としたことを覚えています。

なぜなら、それはじつに簡単で、誰にでも、それこそ1分でできることばかりだったからです。

たとえば、彼らは常にポジティブな言葉を口にします。

試しにあなたも「自分は運がいい」と言ってみてください。

大切なのは声に出すこと、そして何度か繰り返してみることです。

たったこれだけで、少し心が軽くなり、気持ちが前向きになりませんか？


ポジティブな発言は、セルフエフィカシー（自己効力感）を高めてくれます。

それにより人は前を向き、チャレンジングな気持ちをつくることができます。

私が失敗を恐れずさまざまな事業に挑戦してこられたのも、いつでもポジティブな言葉で前向きな心の状態を保っているからです。

また、ポジティブな人のまわりには、自然と多くの人が集まってくるものです。

そして、人が集まれば自ずとチャンスに恵まれます。


こうした小さな習慣を少し続けたところ、果たして効果はてきめん。営業成績最下位だった私が、なんと4カ月連続で全国トップを取ることができました。

そして面白いことに、必要なときに、必要なタイミングで協力者が現れたり、追い風となる出来事が起きたりするようになったのです。


そう、運の流れは完全に変わりました。

また、同時に私が意識したのが古くからインドに伝わる「ジュガール」です。

ジュガールとは、簡単に言えば、目の前の困難を解決するための思考法のようなものです。日本でこそあまり知られていませんが、世界14カ国で発行されるグローバル・マネジメント誌『ハーバード・ビジネス・レビュー』でも2011年に取り上げられ話題になるなど、以前から世界の経営者に注目されています。

ジュガールはインド人の心の底流を流れるものであり、日本の「禅《ぜん》」を一言で説明することができないように、ジュガールもまた一言では説明できません。

ただ私なりに解釈するのであれば、次の7つに集約されるでしょう。

◆少ない力で多くの利益を得る
◆自分の枠を越えた発想で考え、行動する
◆やわらか頭で考えてピンチをチャンスにする
◆シンプルに考える
◆決してあきらめない

◆自分を抑えつけない

◆セルフエフィカシー（自己効力感）を大事に育てる

そう、すがるような思いで取り入れた小さな習慣は、世界中の成功者が実践するジュガールのメソッドと通じるところが大きかったわけです。

「小さな習慣」を続けた結果、一介の営業マンから日本でのキャリアをスタートした私が、のちに独立し、コンサルティング事業、人材育成事業、英会話事業、健康・美容事業、アパレル事業などをはじめ、国内外で複数の会社を経営する実業家になりました。

また、パナソニック、アクセンチュア、富士通、ＪＴＢなどの名だたる大企業から異文化経営、異文化戦略の指導を求められ、時給70万円の国際コンサルタントとして「カンブリア宮殿」をはじめとするテレビにも出演。

そしてついには、あの世界三大投資家の一人であるジム・ロジャーズ氏と共同でセミナーを開催できるまでになったのです。ほかにも、投資アカデミーや健康食品の販売など、私の手掛ける事業はとても両手の指では足りません。

私はこの本で、私の人生を変えてくれた「小さな習慣」をあなたに伝えたいと考えています。すべての習慣は、実際に私が実践してきたことです。

どれも難しいことではなく、ささやかな視点の切り替えや発想ひとつによって、人生を好転させようというものばかり。

この、たった1分の習慣を毎日積み重ねることによって、あなたの運は確実に上昇していきます。それは仕事だけでなく、人間関係や恋愛など、すべてにおいてよい影響を及ぼし、やがては素晴らしい人生につながっていくでしょう。

そこで本書では、30代〜50代の男女3人に、実際に1分の習慣を実践していただきました。年齢、性別、職業はさまざまでも、わずかな期間に、皆すばらしい結果を残しています。

まずは、次のページから始まる3人の話をご一読ください。

そうすれば、「運がいい人」になるために、特別な努力や強い意志の力を必要としないことがすぐにわかるはずです。

仕事がたちまち3つ舞い込んだ

高木桂一郎さん（53歳・男性・フリープロデューサー）

もともとポジティブ思考ではありますが、フリーランスで仕事をしていることもあり、先行きが不安でネガティブになったり、生活が不規則になったりすることがありました。
そこで本書のメソッドを教わり、気持ちを改め、1分の習慣を実践してみることにしました。

まず、苦手だった早起きを克服すべく「太陽にも毎朝の感謝を捧げる」を実践することで、一日を気分よくスタートすることができるようになりました。

夜ぐっすりと眠れるようになったことも大きく、きちんとした睡眠をとることで、すっきりと目覚め、太陽の光を浴びて感謝する、そんないいサイクルがまわり始めたなと実感しています。

朝のスタートがよいと、思考がポジティブになり、必然的に口から出てくる言葉もポジティブになります。何気ない世間話をしているときに、「私は運がいいほうなんですよ」とクライアントに話したところ、早速仕事をいただける機会が3回もあり、自分でも驚いています。もちろん、返事はすべて「YES」。すると、クライアントも気持ちよいと感じてくれたようです。

また、いままであまり自分を客観視したことがなかったのですが、仕事相手や友人に自分の強みを聞いてみたところ、「優しい」「何でもやってくれる」と、自分では意識していない返事が返ってきました。肯定的な言葉をもらえ、そのままの自分でいいのだなという自信につながりました。

どうしても気持ちがネガティブになった日には、本書で紹介されているインド映画を見てみたところ、不思議と今抱えている問題は大したことではないと前向きな気持ちになりました。

そのとき一緒に仕事をしていたクライアントにこの映画の話をすると、「私も印象的だった。よくこの映画を知っていましたね」と共感され、関係が少し深まった気がします。もともとエンターテイメントの仕事をしていることもあり、これからも週に1回は必ずハッピーエンドの映画を見ようと決めました。YouTubeで予告編を見つけたのでブックマークし、移動中などにも見ています。

わずか10日間という短い間でも、効果を実感しています。本書にも書かれていた通り、これらの習慣を積み重ねることで、運は意外と簡単に味方につけることができるのだと思います。

１分の習慣でこう変わった！

朝太陽の光を浴びることで、
ぐっすり眠れるようになった

クライアントにポジティブな話題を振ると
仕事が舞い込んだ

自分を客観的に知ることで、
いままで以上に自信がついた

ハッピーな映画を見ることで前向きになり、
話の引き出しも増えた

実践した１分の習慣

▷ 迷ったときはすべて「YES」と答える　P91

▷ 自分の強みを誰かに聞く　P123

▷ ハッピーエンドの映画の予告編をスマートフォンでブックマークする　P132

▷ 太陽にも毎朝の感謝を捧げる　P227

代わり映えのしない生活にポジティブな変化が!

西川詠美さん（38歳・女性・会社員）

新卒で入社した会社に16年間勤め続けている私。今回教わった「小さな習慣」で、自分がコンフォートゾーンにいて何年も成長できていないことに気づかされました。

両親からも「我慢することが大切」と育てられ、幼い頃から真面目で、習い事やアルバイト、恋愛も長く続くタイプでした。昔はそれが誇りだったのですが、いまは慣れ親しんだ会社でひたすら同じ仕事を繰り返すことに少し疑問を感じています。でも、転職を考える出来事があっても、また一から仕事を覚えたり、職場の人間関係をつくり上げたりするのが面倒くさいとも考えてしまいます。

そんな自分を変えようと実行したのは「いつものメンツ」との飲み会を減らすこと。職場の友人グループ5人で週2～3回は飲んでいて、毎回代わり映えのしない話をしていました。

誘いを断り、前から気になっていた酵素風呂に行ったところ体の調子がすこぶるよくなりました。

しかも、料金はいつもの飲み会の半額ほど。お金の使い方について考えるようになりました。

そこで今度は、出費を紙に書き出してみることに挑戦。毎日飲むコーヒーや、習慣となっているコンビニのお菓子も1週間でかなりの額になることがわかりました。

貯金があまりないのは給料が低いせいだと思っていたのですが、浪費が原因なのだと気づき、コーヒーとお菓子に使っていた金額を確定拠出年金にあてることにしました。

無駄遣いの断捨離をしたら、なんだか心もすっきり。その勢いで、今度は食事の断捨離を実行。思い切って夕食をプロテインだけにしてみたのです。それまで「ダイエットする」が口ぐせで、実際には何もしていなかった私が、会社帰りにジムに行き、プロテインだけ飲んで、早くに就寝。すると体調が明らかによくなり、体重が1週間で2キロも減ったのです。

そうなれば、仕事も俄然《がぜん》やる気が出てくるというものです。

新人教育で後輩の扱い方がよくわからずに悩んでいたけれど、一度褒《ほ》めてから「次はもっとこうしたら結果につながりやすいよ」と伝えるようにしました。すると、優しくてわかりやすいと感謝され、上司からも教え方が上手だと褒められました。

仕事に慣れていたせいか、それまであまり人を頼ったりしていなかったのですが、人から感謝されたり褒められることで人とのつながりを意識するきっかけにもなりました。

長年勤めている会社なのに、急に働く環境がよくなったように感じます。いままで意識していなかった言動や考え方でここまでポジティブに物事を変えられるのだと、あらためて実感しました。

1分の習慣でこう変わった！

**いつもの飲み会を断り酵素風呂へ
体の調子がよくなった**

**無駄な出費を見直し、
確定拠出年金を始めた**

**食事を断捨離し、
1週間で2キロやせた**

**言動と思考を意識したら、
職場環境がポジティブに変わった**

実践した1分の習慣

▷ 自分一人で解決できないときは迷わずに人を頼る　P44

▷「いつものメンツ」との飲み会や集まりを減らす　P68

▷ 出費をリストとして書き出し可視化する　P149

▷ 年下は「褒め言葉」＋「注意」で育てる　P194

▷ 食事のルーティンを「一日3食」から変えてみる　P200

有意義な時間とお金、そして友人まで増えた

泉 秀明さん（41歳・男性・整体師）

整体師という職業柄、日々さまざまなお客様と接する一方で、職場の人間関係はかぎられ、ここ数年なんとなく生きていたような気がします。

行きたくない飲み会に参加したり、興味があって登録したSNSも流し読み。お客さんから聞いたお得な話も自分では実践せず、だらだらと夜更かしをしたり。

これらの行動が、1分の習慣を実践することでいかによくないことかを知ることになりました。

「ネガティブを断捨離しよう」で思い当たる節は、職場の飲み会でした。

それまでなんとなく「行かなくてはならない」と思っていましたが、同僚と飲みすぎた次の日に残っているのは、二日酔いと決して安くない会費の支払いだけ。家に帰っても本さえ読めず、いつの間にか積ん読状態になっていたことも気になっていました。そこで思い切って誘いを断り、自宅で本を読む時間にあてたら、変な罪悪感が消えて、とても有意義に過ごすことができました。

20代のお客さんから「いまならキャンペーンで実質タダでごはんが食べられる」というアプリを教えてもらったときも、「若い人のスマホを見せてもらう」を思い出し、すぐにダウンロード。実際使ってみると、本当にタダでおいしい料理が食べられたのは衝撃的でした。

アプリに疎《うと》いだけでなく、世代的にもSNSでの出会いにやや抵抗があったのですが、大人になるにつれて新たな出会いもなくマンネリを感じていたのも事実。

1分の習慣に背中を押され、最近インスタグラムでフォローしたツーリングアカウントのイベントに参加してみました。行くまではかなり緊張していたのですが、共通点があるからすぐに打ち解けられ、大人になってから初めて趣味の友達をつくることができました。

さらに私はバイナリーが趣味で、アメリカがデイタイムになると取引が活発になるため、深夜の取引のチェックで万年睡眠不足。そこで、「0時に眠り7時に起きる」と決めて手帳に書き込み、実行しました。22時までには夕食と風呂を済ませ、2時間だけバイナリー取引をする。それまでは「この取引でなんとか一発逆転を!」と思っていたのですが、精神衛生上あまりよくなかったことに気づかされました。それよりもこの規律を守り、朝すっきり目覚められる快感が勝りました。

運気がまわり出したことで気持ちに余裕が出てきて、自分は運がいいと思うようになり、さらによいサイクルを生み出すことができています。

1分の習慣でこう変わった!

なんとなく参加していた飲み会を断ることで読書時間が生まれ、積ん読していた本を完読

20代のお客さんに聞いたお得なアプリを即ダウンロード。タダでごはんをゲットした

SNSで見つけたイベントに参加して久しぶりに趣味の友達ができた

起床・就寝のスケジューリングで規律を整え、朝すっきり目覚められるようになった

実践した1分の習慣

▷「自分は運がいい」と一日に5回言う　P36

▷ 耳に入るニュースから人間関係までネガティブを断捨離する　P53

▷ 気になるイベントを見つけたら迷わず参加ボタンを押す　P64

▷ 若い人のスマホを見せてもらう　P77

▷ 起床・就寝の時間を手帳やスマホに書き記す　P204

まずはたったの1分
それが成功へのスタートであると
あなたはすぐに実感できます

CONTENTS

第2章
運がいい人は「コンフォートゾーン」を飛び出す
〜同じ仲間とばかり飲んでいる人は成長しない〜

第3章
運がいい人は「PDCA」より「DCAP」
〜スピードだけが結果を生み出す〜

第4章 運がいい人は「成功環境」をつくる
~成功の絶対法則は成功者の模倣~

第5章 運がいい人は「お金への罪悪感」を捨てる
~お金の神様に愛されるには~

第6章

運がいい人は自分の「ファン」をつくる

～まわりが応援団になれば、すべてが好転する～

第7章

運がいい人は日常を「ルール化」する

～毎日の習慣に意識を向け、新ルールを設ける～

第8章 運がいい人は「神様」「ご先祖様」を味方にする

～願い事ではなく感謝を捧げる～

第1章 運がいい人は「可能思考」で考える

～できることにフォーカスすれば道が開ける～

「不可能思考」こそが日本人を縛る鎖

インドには、こんな言葉があります。

「登らない者は、落ちることもない」
“He who does not climb, will not fall either.”

たしかに、山に登らなければ転がり落ちることはありませんし、大海原へ漕《こ》ぎ出さなければ遭難《そうなん》することもないでしょう。でも、それでは頂《いただき》の向こうに広がる雄大な景色を見ることも、新たな大陸を発見することもできないのです。
この短い言葉のなかには、人生にもビジネスにも通じる多くの示唆《しさ》が含まれていると私は思っています。

これまでたくさんの日本人とビジネスで関わってきましたが、いつも不思議に思うことがあります。それは、何事においてもまず、〝できない〟理由を考える

人がとても多いということです。


「こういう商品を開発したら、絶対に売れると思うんだ。やってみようよ！」

「でも、すでに似たような商品がありますし、市場はもう飽和状態ですよ」


「このプロジェクト、担当をこう替えたらフローがよくならないかな」

「いえ、駄目ですよサチンさん。それだとみんなの理解が得られません」


一事が万事、そんな調子。

やるより先に、できない理由を考えて、行動をストップしてしまう。きっとあなたのまわりでも、同様の会話がたくさん交わされているのではないでしょうか。

どれほど優れた商品やサービスも、最初は単なる思いつきから始まったはずです。

たとえば、往年の大ヒット商品、ソニーの「ウォークマン」は、当時名誉会長だった井深大氏の「機内で音楽を楽しみたい」という欲求から生まれたといわれていますし、マーク・ザッカーバーグがフェイスブックをつくったきっかけは、大学時代に同じ授業を履修している学生のリストがほしいと考えたからでした。いつの時代も、ふとしたアイデアの芽をいかに大きく育んでいけるかが、ビジネスの成否を分けるのです。

それなのになぜ、日本のビジネスパーソンはネガティブな要素を先に考えてしまうのでしょうか。

日本には「転ばぬ先の杖」ということわざがありますが、どうやら日本人には、失敗しないことを最優先に考える気質があるように思えてなりません。

思いつきの段階ではまだ、粗《あら》も多くて当たり前。いくつかの欠点を理由にせっかくのアイデアを潰してしまうのは、とてももったいないことです。

私はこの、まず〝できない理由〟にフォーカスする「不可能思考」こそが、日本人の行動を縛る鎖《くさり》になっていると考えています。

「できない理由ではなく、できる方法を探す」

あなたも一度は聞いたことがあるはずのこの言葉こそが、「可能思考」の本質です。そして、これを克服するのは単に視点ひとつの問題でしかなく、決して難しいことではありません。

なぜなら、「不可能思考」の逆こそが「可能思考」だからです。
今ある視点をそのまま反転させれば、物事は途端にポジティブになります。

「不可能思考」を「可能思考」に反転させる

その意味で、「不可能思考」を持っていることは、大きなチャンスともいえるでしょう。それは、〝できない理由〟が明白になるからです。

「時間」がなければ工程を見直せばいい。
「資金」が足りなければ、いまはクラウドファンディングという方法もあります。
「人」が不足しているなら、他部署から期限つきで人員をまわしてもらったり、短期の募集をかけたりすればいい。

なぜできないのかを因数分解し、その課題をクリアしてしまえば、後には〝で

きる理由〟しか残りません。

問題は、〝できない理由探し〟で思考がストップしてしまうことにあります。

たとえば以前、私が手がけている健康食品の事業でこんなことがありました。

その頃の私は、日本ではまだあまりなじみのないインドの食材を日本人向けに加工して販売しようと考え、実際に動き始めていました。

試作の段階から評判は上々で、いくつかの店舗で販売を開始したところ、あっという間に売り切れてしまうほどの人気ぶり。

大量生産・大量販売に向けて準備を進め、生産体制を増強し、さらに通販番組でこの商品を取り上げてもらうよう手配を進めていたのです。

ところが、番組の放送日時も決まり、あとは商品の在庫を潤沢に用意するばかりという段階で、生産を委託していたメーカーから、緊急の連絡が入りました。

「サチンさん、すみません！　今回の生産量ですと、どうしても納期に間に合いません……！」

泣きつくようなその口調から、メーカー側もかなり逼迫《ひっぱく》した状況であることが伝わってきます。

しかし、すでに番組が決まっている以上、納期遅れは絶対に許されません。何よりも解せなかったのは、その担当者が軽々しく謝罪の言葉を口にしたことでした。

一度決まった番組に穴をあけてしまえば、私自身も完全に信用を失ってしまい、今後のビジネスに大きな支障をきたします。もし賠償金ということになれば、決して安いものではないでしょう。そこで私は、強い口調でこう言いました。

「いまは、どうすれば納期に間に合わせられるかを考えましょう。一緒に考えるんです！　謝るのは最後の手段です！」

最初からあきらめてしまったら、解決策など見つかるわけがない。

私は、なぜ納期に間に合わせられないのか、まずはその理由を徹底的にヒアリングしました。理由は単純で、人手不足とのこと。

原因がはっきりしているなら、それを解消すればいいのです。人が足りないなら増やせばいいし、一人あたりの労働時間を増やすことでもカバーできる。

結局、そのメーカーはあらゆる人脈を使ってスタッフを増員し、社員にも規則を超えて残業してもらうことで納期に間に合わせてくれました。

「人が足りない」「残業は規則で禁止されている」

そこで思考をストップしていたら、そのメーカーは納期を守ることができず、多額の賠償金で大きな損失を出していたかもしれません。

ともに利益をあげることができた結果とは雲泥の差です。

経営の神様・松下幸之助が下した判断とは

同じようなエピソードが、私の尊敬する松下電器（現パナソニック）創業者・松下幸之助さんにも残されています。

世界恐慌の嵐が吹き荒れた１９２９年、松下電器は在庫の山を抱えて赤字に陥《おちい》りました。そのとき、社員削減を迫った幹部に松下幸之助さんは言ったそうです。

「生産を半減して、工場は半日勤務にする。しかし、一人たりとも社員の首を切ってはならない。給料も減らさない。その代わり、店員は休日返上で在庫の販売に全力を注いでもらう」

会社が苦境に陥ったとき、多くの経営者は「会社と社員をともに守ることはできない」と考えます。そして、会社を守るために社員を切り捨てます。

しかし、松下さんは知恵を絞り、〝できること〟にフォーカスした結果、会社と社員の両方を守ったのです。

状況を打開する努力をする前に「どうせ無理だから」とあきらめてしまっては、可能性はゼロのままです。多くの日本人に欠けているこの「可能思考」こそが、ビジネスの世界で成功を収めるための大きなカギなのです。

それでは、1分で「可能思考」を、簡単に、確実に手に入れられる習慣を紹介しましょう。難しいことを考える必要はありません。「忙しいから」などと不可能思考を発揮してもいけません。

たったの1分。とにもかくにも、いますぐ実践あるのみです。

1分の習慣

01

「自分は運がいい」と一日に5回言う

古来、インド人は口にしたことは実現すると信じてきましたが、日本にもそうした考え方を示す言葉があります。それは「言霊《ことだま》」です。

日本では昔から、森羅万象《しんらばんしょう》すべてに魂が宿っているという考え方があり、言霊とは言葉に宿る不思議な力を示しています。

頭のなかで考えるだけでなく、実際に口に出して言ってみることで、その言葉に力が宿る。それが言霊のパワーです。

誤解しないでいただきたいのですが、これは必ずしもスピリチュアルな話ではありません。

イメージを言葉にすることで、意識により強く焼き付けば、人の行動は必ずそこに近づいていこうとします。

「やせなきゃな……」と漠然と頭のなかでぼやいているだけでなく、「絶対にやせるぞ」と何度も口に出して言ったほうが、ダイエットへの実行力が高まるのは間違いありません。「1カ月で3キロ落とす」など具体的な数値を掲げれば、さらに効果は上がるでしょう。

これが、言葉にすることの力です。

たとえば、アメリカの心理学者・ローゼンタールが提唱したピグマリオン効果もそれに近いものでしょう。ローゼンタールが行った実験は、教師が期待をかける生徒と、そうでない生徒の成績の伸びを比較したもので、実際に両者の間には明確な差が見られました。

この理論は、自分自身に対しても有効だと私は考えます。

つまり、自分に期待する言葉を口にすることが、人のパフォーマンスを左右するのです。

ポジティブな言葉を発するだけで、人は前向きになる

たとえば私は、このような言葉を意識的に口にするように心がけています。

「自分は運がいい」
「自分ならできる」
「必ずうまくいく」

口にするだけですから、1分どころか3秒もかかりません。これらの言葉を一日に最低5回、気づいたときに言ってみるのです。

人はポジティブなことを口に出すだけで前向きな気持ちになり、目標を言葉にすることで、その筋道をイメージする生き物。それはつまり、可能思考の扉を開くことと同義です。

また、ポジティブな言葉を繰り返し口にする習慣をつけることで、日常生活の

なかにあるささやかな幸せが、より鮮明になるはずです。

たとえば、「自分は運がいい」と繰り返し口にすれば、日常のなかに埋没している「運がいい」ことに自然と目が向くようになります。

外へ出かける日に空が晴れ渡っていれば、それだけで気持ちも晴れやかになりますし、たまたま飛び込んだレストランで思いのほかおいしい料理にありつけたとすれば、それもまた偶然の巡り合わせによるものです。

そうした見過ごしがちな幸運を、「自分は運がいい」と口にすることで、はっきりと認識できるようになるでしょう。

そして、身のまわりにあるたくさんの幸運を発見できれば、何事に対しても前向きになれるのです。

何気なく口にするネガティブワードも厳禁

だから逆に、私は自分の部下がむやみにネガティブワードを口にすることを禁止しています。

以前、日本人の女性スタッフが私の前で、「私、60歳まで生きられるかなぁ」と口にしたことがありました。
もちろん、彼女は漠然とした不安を何気なく言葉にしただけです。
しかし私は、「二度とそんなことを口に出しては駄目だ」と、彼女に強い口調で言いました。

言葉にすることで不安は具体化し、ネガティブな意識が働きます。

彼女が本当に健康長寿に不安を持って生きていくことになれば、ちょっと体調が優れない日や、年齢による衰えを感じたときに、必ず「ああ、やっぱり私はもう駄目なんだ」と、必要以上に負の作用を受け取ってしまうでしょう。
それが人生においてプラスに働くはずがありません。

この習慣のまとめ

01

口に出した言葉に現実が近づいていくそれが言霊の力

1分の習慣
02

「失敗した未来」をイメージし失うものを考えてみる

「失敗した未来をイメージする」

これは不可能思考を加速させるように思われるかもしれませんが、そうではありません。

私は、日本人の「不可能思考」の理由のひとつに、失敗を恐れすぎていることがあると考えています。

インドは人口が13億人もいるうえに、民族も言語もさまざま。そんな国で成功しようと考えるなら、失敗を恐れている余裕はありません。失敗よりもむしろ、行動しないことを恐れるのが私たちの考え方です。

一方で日本は、ほぼ単一民族の国であり、言語も日本語に統一されています。学校教育で教えるのは、競争よりも平等・公平さ。

もちろんそれは日本人の素晴らしい国民性を育むものですが、ビジネスの場ではときに、足かせとなってしまうことがあります。そんな弊害は、「出る杭は打たれる」ということわざにも表れていませんか？

怖くて足がすくんでしまうときは、あえて失敗した場合を想像してください。それが1カ月後の自分にどんな影響を与えるか、具体的にイメージするのです。

会社をクビになっていますか？

降格して給料が減っていますか？

部署の仲間につまはじきにされていますか？

おそらく、そこまでの事態には陥っていないはず。現実はいまと何も変わらないでしょう。

もちろん私も、それこそ数え切れないほどの失敗をしてきました。一介の営業マンだった頃は、どれだけ努力しても売上目標にまったく届かず、会社へ行くのが憂鬱《ゆううつ》なときもありました。

それでも、そのつど自分を鼓舞《こぶ》するように言い聞かせてきたのです。

上司から叱責《しっせき》されることはあっても、命を取られるわけじゃない。自分さえ前向きに頑張る気持ちを維持していれば、きっと見返すチャンスがやってくるはず。

そう、少々の失敗をしたところで、人生は何も変わりません。

むしろ、エジソンが言ったように「〝うまくいかない方法〟がひとつ見つかった」と考えれば、プラスにしか働きません。

人は誰しも、「わからないもの」を過剰に恐れる性質を持っています。

あえて失敗した未来に目を向け、それが恐れるに足りないことを知れば、あなたはいまよりもっと自由になります。

この習慣のまとめ

02

「失敗したところで大したことではない」
それがわかれば
挑戦が怖くなくなる

1分の習慣

03

自分一人で解決できないときは迷わずに人を頼る

「可能思考」を身につけるための大きな武器は、「人を頼る」ことです。

奥ゆかしさや遠慮、気遣いは、日本人の持つ最大の美徳ですが、その意識が強すぎると、悩み事やトラブルのすべてを一人で抱え込んでしまいます。

そもそも人間は、誰かに頼られたい、助けたいという気持ちを持っています。きっとあなたも、友人が困っていたらどうにかして力になれないかと考えるはず。

何か困ったことが起きた場合、自分一人の頭で答えが見つからないのなら、考える頭を2つ、3つと増やしていくのが解決への早道。日本のことわざにも「三人寄れば文殊《もんじゅ》の知恵」というものがありますよね。

人が増えれば知見も視点もコネクションも増えることになります。どれだけ考えても見つからなかった答えがたちどころに見つかり、「不可能」が「可能」に変わる瞬間を味わえるでしょう。

実際に私も、いまひとつ売り上げの伸びない商品について周囲に相談し続けたところ、人づてにつながった有名人がSNSで紹介してくれて、大きな宣伝効果を得たことがありました。

やりたいことがあるのに、ネガティブに考えてあきらめるのは、非常にもったいない。その気になれば、周囲に手を貸してくれる人が必ず見つかるし、インターネット上でスキルを持った人材を探すことも難しくはありません。

天才経営者・孫正義の野望と算段

「自分で無理なら人を頼る」。これについては私の尊敬する経営者の一人、ソフトバンクグループの創業者・孫正義さんに、わかりやすいエピソードがあります。

孫さんが数年前に、同社の代表取締役副社長だったニケシュ・アローラ氏を後継者候補に指名したことは、経済紙やビジネス誌などで大きな話題となりました。日本のメディアのいくつかは、日本を代表する企業でありながら、経営のバトンをインド出身のアローラ氏につないだことを、批判的に報じてもいましたね。

しかし、孫さんはこのときすでに、「2040年までに、ソフトバンクを時価総額200兆円、世界トップ10に入る会社にする」という、明確な目標を掲げていたのです。その時点で同社の時価総額は3兆円前後。いかに天才経営者といえど、あまりにも壮大な目標設定であったといえるでしょう。

その点、アローラ氏は以前、時価総額44兆円を誇ったグーグルの経営を経験した人物。この規模の企業を経営した経験など、孫さんはおろか、ほかの日本人幹部の誰にもありません。だからこそ、アローラ氏の力が必要だったわけです。

のちにアローラ氏は同社を退任しますが、ここで重要なのは、目標から逆算することで、不足を補うものを明確化するという思考。

つまり「人を頼る」とは、他人の能力をどんどん使うということなのです。

ただし、ひとつだけ注意が必要です。家族、友人、同僚などに、「親しい」と

いうだけの理由でアドバイスを求めるのはとても危険だということです。

もちろん、その人たちは本気であなたのことを考えて意見をしてくれます。たとえ、自分がよく知らなくても、です。

終身雇用が当たり前の時代に育った親は、転職を引き留めるでしょう。リスクを回避することで平穏無事にやってきた先輩は、あなたの新しいアイデアを否定するかもしれません。**だから私は、「それを知っている人」「経験したことがある人」にしか意見を求めません。**

これは日常のささいな場面においても同様で、「北海道へ行くから、現地のおいしいものを食べたい」と考えているのに、北海道へ行ったことがない人に情報を求めるのは、確実に旅行運を遠ざけることになります。

この習慣のまとめ

03

考える頭を2つ、3つと増やしていけば必ず答えが見つかる

1分の習慣 04

「○○しなきゃ」を「○○したい！」に置き換える

私のまわりにはいろいろなタイプの成功者がいます。
事業に成功した大富豪。売れっ子と呼ばれる芸能人。メディアで活躍する文化人。
業種も人種もばらばらですが、ひとつ彼らに共通することがあります。
それは、誰もが仕事を心から楽しみ、面白がっていることです。

この「面白がり」こそ、可能思考の重要なキーワードであり、「面白がり」の習慣もまた、視点を変えるだけで簡単に身につけられます。

「○○をやらなければいけない」

という考えを、

「○○をやりたい」

と、心のなかで言い換えてみてください。


それだけで心がスーッと軽くなり、もやもやしていた気持ちが前向きなものに変化します。

もちろん、はっきりと口に出して言ってみれば、より効果的です。


たとえば、ウマの合わない上司から飲みに誘われた場合。

本当はそんな不毛な時間を過ごすくらいなら、早く帰ってゆっくりお風呂につかりたい。そう思うのが人情というものです。

しかし、あえて「上司と飲みたい！」と口にしてみましょう。うそであってもそう口にすることで、可能思考は高まります。

しかも、「上司と飲みたい！」という願いは、この後すぐに実現する。これは間違いなくポジティブなフローです。

どうせ断ることができない酒席なら、イヤイヤ行くよりも前向きな気持ちで行ったほうが、上司のおぼえもよくなりますし、それは明日からの仕事でプラスに働くに違いありません。

「ああ、明日までに資料を作らなきゃ……」という状況なら、ぼやくのではなく「早く資料を作りたい！」と言い換えてみるのです。もちろん、これもすぐに実践できるフローです。

言い換えの魔法ですべてを成功体験に変える

こうした言い換えにより、あれほどイヤだったことをやり終えると、それはひとつの成果、成功体験に変わります。

ここで重要なのは、成功体験の積み重ねはキャリアの糧となり、人を成長させてくれるということです。売り上げ増や事業目標の達成などの数値化できる成功はもちろん理想ですが、それがすぐにできれば苦労はありません。

だったら、ポジティブ回路を働かせて、自分で小さな成功体験をつくってしま

うのです。

考えてみればこれは当たり前で、日本の格言に「好きこそものの上手なれ」とあるように、嫌いな仕事で人より秀でるのは難しい。

もしあるとすれば、相当な幸運に恵まれたか、もともと上の代から引き継いだ資産がものをいったか、どちらかでしょう。

かくいう私自身も、仕事が大好きだからこそ、どれだけ働いてもそれがストレスになりません。これは大きな強みです。

ひとつの事業を成功させると、すぐにまた、新たな事業への興味が芽生える。その繰り返しによって私は事業全体を大きくしてきました。

実際にいまも、セミナービジネスや食品事業、投資事業などのほか、こうして本を書いたりメディアに出演する機会も多々あります。最近ではスマホを使った英会話教育の事業も軌道に乗り始めています。

こうして手を広げていけば当然、それだけ作業量や労働量も増えていきます。

それをストレスと感じるか、それとも「次々に面白いことが見つかる」とワクワクできるかが、成否の分かれ目です。

「○○したい」と置き換えて考え、口に出す習慣をつけてしまえば、毎日が成功体験に一新され、ワクワクと気持ちが高まる感覚が芽生えてきます。

こうしたちょっとした言い換えは、人の気持ちをポジティブにするだけでなく、全体的な運までも向上させてくれます。

幸運と不運は表裏一体。不運は視点を変えることで幸運に変わります。そして言い換えによって「面白がれる人」のまわりには、たくさんの幸運が集まってくるものなのです。

この習慣のまとめ

04

逆の言葉に言い換える
たったそれだけで
小さな成功体験を積み重ねられる

1分の習慣
05

耳に入るニュースから人間関係まで ネガティブを断捨離する

人は周囲の環境から大きな影響を受ける生き物です。
メンタルも運も負のスパイラルに落とすことは簡単で、イヤなことにばかり目を向けていれば、あっという間に気分は低下してしまいます。逆に、身のまわりをポジティブな要素で満たすことができれば、常にハッピーでいられます。

そこでおすすめしたいのが、「ネガティブを断捨離」するという発想。

日本でも近年すっかり有名になったこの「断捨離」という言葉ですが、インドにも同じような考え方があることをご存じでしょうか？

◆断とは、入ってくる不要なものを「断つ」こと。
◆捨とは、不要なものを「捨てる」こと。
◆離とは、物への執着から「離れる」こと。

これは古代インド発祥のヨーガに伝わる「断行《だんぎょう》」「捨行《しゃぎょう》」「離行《りぎょう》」であり、段階的に物質的な執着から離れるための伝統技術です。

日本人には「もったいない」という概念がありますね。

環境問題が顕在化してからは、容易に物を破棄することをとがめる考え方が世界に広まり、不用品の有効活用をうったえるために「MOTTAINAI」という言葉が知られるようになりました。

しかし、「捨てる」ことは本来、執着を捨て、心身を身軽にすることにつながるというのが、ヨーガの考え方なのです。

SNSの友達リストも断捨離の対象に

では、ネガティブの断捨離とは何か。

具体的には、目にする情報、出会う人、遭遇する体験に関して、ネガティブなものを極力排除し、ハッピーでいるための環境を整えることです。

たとえば私の場合、毎朝起きてから家を出るまでのあいだ、ワイドショーの類いはいっさい見ません。ワイドショーでは痛ましい事故や政治家の不祥事、誰かの罪や失敗を、面白おかしく増幅させて伝えることが少なくないからです。

せっかく清々しい目覚めを得たのに、その日最初に飛び込んでくる情報が、凄《せい》惨《さん》な殺人事件の話題であったりすると、テンションも運気も下がってしまいます。これはよくない。ましてやタレントのスキャンダルなど、私の生活やビジネスには、何の関係もない話です。

いまの時代、スマホひとつで十分なニュースがキャッチできますし、必要な経済ニュースは新聞を読めばそれで済みます。たとえば日本経済新聞には芸能人のゴシップなど載っていませんから、私にとっては最適な朝の情報源といえます。

同様に、付き合う人間関係についても、私は断捨離をおすすめしています。


口を開けば不平不満ばかりで、建設的な発言をまったくしない人。

その場にいない他人の悪口、陰口ばかり叩いている人。

ワイドショーのように、どうでもいい他人のゴシップばかり運んでくる人。

例を挙げればきりがありませんが、人間関係というのは自分次第でネガティブにもポジティブにもできるものです。


まずはできる範囲で、ネガティブを断捨離しましょう。

ちなみに私は、定期的にスマホの電話帳をチェックして、「この人は最近、ネガティブなことばかり口にするな」と感じる人を、片っ端から削除するようにしています。これもひとつの断捨離です。

ＬＩＮＥなどのメッセージアプリも、名前を見ただけでネガティブな気持ちになるような人との接点は運を低下させます。

ＳＮＳ全盛の現代は、日々出会う人と簡単につながることができます。おかげで１～２年もすると、顔すら思い出せない人があなたの友達リストに存在するのではないでしょうか。これも断捨離して身軽になるべきです。

その程度の関係を排除していくことで、自分にとって本当に大切な人が誰なのかが浮き彫りになります。

こうして身のまわりから徹底的にネガティブを排除していけば、自ずとポジティブなものだけに囲まれて過ごすことができます。

センサーを上げ、日常に埋没した「ネガティブ」を探す

ただし、日常生活のどこにネガティブを感じるかは、人それぞれ。まずは自分にとってのネガティブ要素がどこにあるのか、センサーを一段階上げて探してみることが重要です。

ネガティブ要素というのは、意外と日常生活のなかに埋没してしまうものです。本当は不快に思うことでも、慣れによって曖昧になってしまったり、「大人だから」と我慢するのが当たり前になっていたりするケースもあるでしょう。

なかには私と同じように、自然に入ってくるネガティブなニュースが、じつは

心の奥底でストレスになっているようなケースだってあるかもしれません。どんなことでもいいのです。あらゆる場面でネガティブ要素を洗い出す意識を持ってみてください。

食生活に不満があるなら、試しに内容をがらりと変えてみるのもいいですし、友人とのコミュニケーションに不満があるなら、距離感を考え直してもいいでしょう。日常のなかで見つけたネガティブ要素を、積極的に排除するのです。

これを1カ月ほど続けることができれば、驚くほど快適な環境にいることが自覚できるでしょう。そのとき、あなたの思考はポジティブなものに切り替わり、「可能思考」を身につけています。

この習慣のまとめ

05

日常をハッピー要素で満たせば可能思考に切り替わり運を呼び寄せられる

第2章

運がいい人は「コンフォートゾーン」を飛び出す

～同じ仲間とばかり飲んでいる人は成長しない～

居心地のいい場所が人の成長を止める

近年、心理学やコーチングの分野などで、「コンフォートゾーン」という言葉が用いられるようになりました。

コンフォート（comfort）とは、直訳すると「安全」、あるいは「快適」という意味。つまり、ストレスや不安を感じることのない、居心地のいい快適な環境を意味しています。たとえば、毎日決まった業務をこなすだけの職場や、長い付き合いで楽な人間関係など、さして刺激がない代わりに、リスクを感じることもない場所が、みなさんにもあるのではないでしょうか。

コンフォートゾーンとは、まさにその感覚に近いものです。

この言葉はもともと、アメリカの心理学者であるロバート・M・ヤーキーズとジョン・D・ドットソンが提唱した、「ヤーキーズ・ドットソンの法則」と呼ばれる生理心理学の基本法則に端を発するといわれています。

このふたりの心理学者は、人間を取り巻く環境について、心の平穏を感じる環境とそうではない環境の２パターンに分類したうえで、ある仮説を実証しました。
それは、人はある程度のストレスを感じる環境に置かれたほうが、高い能力を育み、発揮することができるというものです。

一方で、立場や職業にかかわらず、人間とは「易きに流れる」生き物です。楽で居心地のいい場所に居続けようとするのは安全を求める本能であり、もし目の前に楽な道と苦難の道があるなら、楽な道を選ぶのは当然のことでしょう。これは、必ずしも悪いことではありません。結果や成果が同じなら、余計な苦労やストレスを抱えることなくスムーズに事をなすに越したことはないからです。

ただし、「効率重視」であることと、「精神的な怠慢」はまったくの別物と考える必要があります。

なぜなら、居心地のいい環境では、人は成長することができないからです。

◆学生時代の部活で、練習よりも試合のほうがいい結果を出すことができた。
◆どうしても定時に帰らなければならない予定がある日に、いつもより速く、

それでいてクオリティの高い仕事をこなすことができた。
◆緊張して不安でいっぱいだったプレゼンが、思いのほかうまくいった。

不安があるからこそ、いつもより高い集中力を発揮できたり、コミュニケーションに対する積極性が生まれたりするこのような例は、誰でも経験があるはずです。

目指すべきは「ラーニングゾーン」

環境に慣れるということは、すなわちコンフォートゾーンのなかにいることと同義です。このゾーンのなかにいるかぎり、人は磨かれることも成長することもありません。

人が成長するためには、適度なストレスという摩擦が必要。
では、それを感じるためにはどうすればいいか？
答えは簡単。コンフォートゾーンから抜け出せばいいのです。

そこで注目したいのが、コンフォートゾーンの外側にあり、適度なストレスと高い学習効果が得られる「ラーニングゾーン」です。人間が磨かれるのは、まさにこの環境です。

日本にも「若いときの苦労は買ってでもせよ」という故事がありますが、あえて茨《いばら》の道を行くことで何かを得ようという考え方には、しっかりとした裏付けがあるのです。

ただし、ストレスや負荷がかかりすぎると、ラーニングゾーンを飛び出し、今度は「パニックゾーン」に入ってしまうので注意が必要です。

こうなると、過度なストレスが心身に悪影響を及ぼす可能性があり、成長どころか社会生活に支障をきたすリスクすらあります。

狙うべきはあくまで、コンフォートゾーンのすぐ外側にあるラーニングゾーン。

適度なストレス環境に身を置くのは、決して難しいことではありません。日常生活のなかにおいても、ちょっとした工夫、わずかな視点の切り替えによって、成長のチャンスを得ることが可能です。

1分の習慣 06

気になるイベントを見つけたら迷わず参加ボタンを押す

たとえばフェイスブックに登録していると、さまざまなイベントやセミナーの情報が流れてきます。

イベントと一口にいっても、学習目的の講義から、単なる交流を中心とする飲み会まで、その内容はさまざま。SNSでは自分が登録した関心のある分野はもちろん、他人がシェアする情報を含め、多種多様な情報に触れることができ、これらをスルーしてしまうのは、じつにもったいないことです。

新しいコミュニティには、必ず新しい出会いと学びがあるからです。

未知の場所に対して身構えてしまうのは、誰しも致し方のないことでしょう。

しかし、そこで感じる緊張感やワクワク感こそが、コンフォートゾーンを抜け出した証しなのです。

セミナーに参加してファッションも変わった教師の例

実際、私が定期的に開催している投資セミナーでも、こんなことがありました。

ある日、普段は学校の先生をしているという、いかにも真面目そうな男性が初めてセミナーに参加しました。

聞けば、「ずっと気になっていたけど、参加するのを躊躇《ちゅうちょ》していたんです」とのこと。投資に関心を持ちつつも、ギャンブル的なリスクを懸念していたのだといいます。

知らない人ばかりの慣れない空間に、最初のうちは戸惑った様子を見せていたその男性ですが、少しずつほかの参加者と交流が生まれ、次第にリラックスしていくのがよくわかりました。

そして最後には、「ちょっと不安だったけど、新しい仲間が大勢できて有意義でした」と、満足した顔を見せてくれたのです。

この男性は、その後も定期的にセミナーにやって来るようになりました。そして投資についての造詣《ぞうけい》を深めていくばかりか、リスクを恐れていたことがうそのように、積極的に資産を運用し始めます。

面白いのは、セミナーの仲間たちになじみ、投資に積極的になるにつれて、彼のファッションまでが変わっていったことです。

初めて参加した日の彼は、学校の先生らしい地味なジャケット姿だったことをおぼえていますが、最近ではカジュアルで明るい色の服装に身を包み、まるで別人のような変化です。

きっと、コンフォートゾーンを抜け出し、新たな出会いと発見を得たことで、彼のなかで大きな変化と成長があったのでしょう。

見知らぬ人ばかりのコミュニティに飛び込むのは、もちろん勇気のいることです。しかし、よほど高い会費を徴収されるイベントでもないかぎり、「収穫がなくてもともと」くらいに考えておけば、気軽に参加しやすいのではないでしょうか。

異業種交流会でも趣味の集まりでも、何でもかまいません。イベントページの参加ボタンを押すのは、1分どころかものの数秒で済む行動です。

それによって新しい知見を得たり、新たな出会いが待っていたりするなら、今後の人生において間違いなくプラスに働くはず。

少しでも興味をそそられるイベント情報を見つけたら、それは自分を伸ばす大きなチャンスなのです。

この習慣のまとめ

06

未知の場所で感じる緊張感やワクワク感がコンフォートゾーンを飛び出た証し

1分の習慣
07

「いつものメンツ」との飲み会や集まりを減らす

慣れというのは、日常のどこに潜んでいるのかわかりにくいものです。もしかするとあなたも、自覚なくコンフォートゾーンに陥《おちい》っているかもしれません。

たとえば、人間関係を振り返ってみましょう。

1分間だけ目を閉じて、日頃から交流のある友人知人を頭に思い浮かべてみてください。

定期的に顔を合わせるメンツというのは、意外と変化のないものです。

そこに生じる慣れによって、見落としていることはないでしょうか？

身近で声がかけやすいという理由だけで、頻繁《ひんぱん》に集まってはダラダラとお酒を酌《く》み交わしている友人。帰る方向が一緒だからと、なんとなく飲みに行くことが多い同僚。

相手のことを嫌悪しているわけではなくても、生産性に乏《とぼ》しい人間関係というのは、誰にでもあるものです。

それを、「長い付き合いだから」と見て見ぬふりをするのではなく、少しだけ時間の〝節約意識〟を持ってほしいのです。

居心地がいいからといって、それが必ずしも充実した時間につながるとはかぎりません。いつも同じ顔ぶれで飲んでいるかぎり、そこに飛び交う話題や情報は、自《おの》ずとかぎられた範囲のものに制限されてしまうからです。

気心が知れた相手と過ごす時間は、お互いにストレスがなく楽なので、断捨離する対象にはなりません。

しかし、もし週に2度も3度も顔を合わせているのなら、それを2週に1度、月に1度に抑えてみれば、その分、新たな人と交流を持つことができます。

周囲の平均年収であなたの年収が決まる

「つるみの法則」をご存じでしょうか。

これは日頃から〝つるんでいる人々〟の平均値が、自分自身のポテンシャルに影響する法則で、「類は友を呼ぶ」ということわざに近いかもしれません。

具体的には、あなたのまわりにいる5人の平均年収が、あなたの年収の相場になるということです。もし、普段から交流している人たちの年収が皆、500〜600万円前後であるとしたら、そのコミュニティ内で成長するあなた自身の年収も、同程度に収まるだろうというわけです。

逆に言えば、ビジネスの才覚に長けた1億円プレイヤーたちと日頃から行動をともにしている人は、それに近いお金を稼げる可能性を秘めていることになります。

これは決して絵空事ではありません。

なぜなら、普段から高いレベルのビジネストークに触れている人は、それだけ情報感度が高く、ビジネスチャンスに恵まれる確率が高くなるからです。

つい先日も、ともに会社経営者であるAさんとBさんが、私の目の前でこんな会話をしていました。

「こういうスタイルのレストランをやろうと考えているんだけど、どう思う？」
「うん、すごくいいと思う。いい場所さえ見つかれば、成功するんじゃないかな」
「そう、問題は場所なんだ。なかなか手頃なテナントが見つからなくてね……」
「あ、それなら六本木にいいテナントがあるよ。ちょうど最近、知人が持っている物件に空きが出たところなんだ。まだ公開前だと思うから紹介するよ」

この直後、実際に話がまとまり、Aさんは晴れてテナントを契約、新規出店に至りました。

不動産情報はとくに、物件として公開されるよりも先に、所有者間で取り引きが成立してしまうケースが珍しくありません。

ちょっとした雑談から、トントン拍子にビジネスがまとまってしまったわけです。もし、Aさんの人脈にこうした物件情報を持っている人がいなければ、彼はこのビジネスを成功させられなかったかもしれません。

普段の人間関係がものを言う。これも「つるみの法則」です。

似た者同士が危機意識を低下させる

そして恐ろしいことに、「つるみの法則」はネガティブな方向にも作用します。

たとえば、独身男女のみなさんは、どうしても同じ独身同士でつるみがちですよね。

既婚者には家庭があり、プライベートな時間が制限されるので仕方のないことかもしれませんが、ここにもじつはコンフォートゾーンが存在します。

心から「結婚したい」と願っていても、身近に同世代の独身者が大勢いれば、どこか安心してしまうもの。おかげで危機感が薄まり、異性に好かれる努力や、出会いを求める努力を怠ってしまうのです。

本当に結婚を望んでいるなら、独身同士でつるむよりも、既婚者の友人と積極的につるむべき。

同じ境遇の者同士で現状に対する愚痴や将来への不安をぼやき合ったところで、多少気が晴れることはあっても、何も生まれません。独身女性だけで集まり、海外ドラマの鑑賞会などをするくらいなら、結婚している友人の馴れ初めを聞いてヒントを得たり、その夫婦の周囲から良縁を募ったりするほうが、よほど将来のためにはプラスであるはず。つまり、結婚運を高めてくれるのです。

日頃の交流関係を見直すことで、無意識のうちに入り込んでいたコンフォートゾーンを抜け出し、思いがけない成長のきっかけが生まれるかもしれません。

この習慣のまとめ

07

気心の知れた仲間と過ごす気楽な時間は決して人を成長させない

1分の習慣

08

初めての人と飲みに行く約束をする

「いつものメンツ」との飲み会や集まりを減らすことができたら、次に探すのは「新たなメンツ」です。

まずは、スマートフォンの電話帳でも、LINEやフェイスブックの友達リストでも何でもかまいません。これまでにまだ一度もお酒を酌み交わしたことのない人を探してみてください。そして、思い切って飲みに誘ってみるのです。

何らかの連絡手段でつながっている人たちのなかには、ひそかに尊敬の念を抱いていたり、好感を持っていたりするにもかかわらず、あまりプライベートでのお付き合いがない人が一定数いるでしょう。あるいは、長い付き合いでありながら、ふたりだけで飲んだことがないという人も。

社会人同士というのは、お酒の席を一度ともにするだけで、ぐっと距離感が縮まるものです。これまでそうした機会に恵まれなかったのはもったいないこと。ならば、自ら能動的にその機会をセッティングすればいいのです。

複数のなかでいつも話している相手でも、いざふたりでお酒を酌み交わしてみれば、いままでとは違った話題があがるはず。そのなかには、多くの学びと発見があるでしょう。

これは、私にも思い当たることがたくさんあります。

職場で毎日顔を合わせている部下が、意外な趣味や特技を持っていることがわかったり、長年の取引相手がじつは私の妻と同郷であったり、粛々《しゅくしゅく》と業務をこなしているだけでは得られなかった発見は数知れません。

たまたまゆっくり雑談をする機会を得たことでそうした事実を知り、一気に打ち解けてパートナーシップが強まることはよくあります。それにより、これまで思いもよらなかったジャンルでの協業が実現したこともありました。

「〇〇さん、たまには一杯やりませんか？」

そんなメッセージを送るのは、1分もあれば十分。誰でもいますぐ、簡単に実践できます。もし断られたらどうしよう、などと怖気づく必要はありません。断られてもともとであり、これまでの距離感のまま関係が続くだけの話です。

ささやかにコンフォートゾーンを抜け出すために、まずは週に一人、あるいは月に一人とノルマを設けて、ぜひ試してみてください。きっと新しい世界が開ける感覚を味わえるはずです。

この習慣のまとめ

08

顔見知りだけど、サシ飲み経験なし
そんな関係こそ
新たな可能性に満ちている

1分の習慣
09

若い人のスマホを見せてもらう

いまでは仕事にも生活にも手放せないものとなっているスマートフォン。
みなさんは手持ちのスマホで、どのようなアプリを使っていますか？

スマホは使い方次第で、どこまでも便利になるツールです。
インターネットブラウザやＬＩＮＥ、カメラなどは当然として、ニュースアプリや電子書籍リーダー、タクシー配車アプリなど、最近ではありとあらゆるジャンルのアプリが取りそろえられています。

そんなスマホにも、じつはコンフォートゾーンが存在しています。

毎日当たり前のように使っているスマホは、自分の用途や生活スタイルに合わせてカスタマイズされています。

インストールされているアプリのラインナップも含め、いわば自分にとって最も使いやすいよう最適化された状態に設定されているわけですから、何も考えずに使い続けることができます。それはすなわち、コンフォートゾーンです。

では、スマホのコンフォートゾーンを抜けるには、どうすればいいでしょうか？

試しに、身近な人に、普段どのようなアプリを使っているのか、見せてもらってみてください。それも若い人がいいでしょう。

面白いもので、アプリというのは十人十色。

よく使っているショップの会員証アプリがずらりと並んでいる人もいれば、インスタグラムに写真をあげるのに熱心で、カメラアプリや画像のレタッチアプリをたくさんインストールしている人もいます。

趣味嗜好や生活が異なれば、普段使いのアプリのラインナップもがらりと変わります。だからこそ、そこには思いもよらない発見があるのです。

そして、異なるカルチャーに触れる最も手っ取り早い手段が、若い世代と積極的に交流を持つことなのです。

私も時々、部下や年下の取引相手などに対して、おもむろに「どんなアプリを入れているか、参考までに見せてもらえませんか」とお願いすることがあります。同世代のビジネスパーソンであれば、たいてい同じようなアプリを使っているものですが、なかには「こんな便利なアプリがあったのか」という発見も少なくありません。まして、異性であったり世代が離れていたりすれば、きっと意外なアプリの存在を知ることになるでしょう。

これはつまり、他人のアンテナを利用して、自身のコンフォートゾーンを抜け出すテクニックです。

ただし、同じ周波数をキャッチするアンテナを何本も立てても意味がありません。できるだけ種類の異なるアンテナを複数立てることが大切です。

たかがスマホくらいで……と侮ってはいけません。
ここで言いたいのは、そんな日常のささいなところにも、コンフォートゾーンは潜んでいるということです。

他人のアプリのラインナップには、その場でラーニングゾーンに突入するためのヒントが隠されているかもしれないのです。

実際に私自身も、誰かに聞いて新たにインストールしたアプリのなかに、いまや仕事に欠かせないツールになっているものが少なくありません。

それによって業務が効率化されれば、仕事もプライベートもさらに充実させることができます。

この習慣のまとめ

09

若い世代との異文化交流が自分の引き出しを増やす

1分の習慣
10

「定例の○○」を疑ってみる

コンフォートゾーンから抜け出すためには、毎日当たり前のようにこなしているルーティンワークを見直してみることが大切です。

たとえば、日本の企業によくある「定例会議」や「定例ミーティング」。私にはこれが、非常に無駄の多いルーティンに思えてなりません。

とりわけ疑問なのが、毎週月曜日の朝に設定されている朝礼やミーティングです。1週間の始まりに際して、先週までに発生した事案や、今週取り組むべきタスクについて情報を共有することは、たしかに大切なことです。

しかし、それをわざわざ膝《ひざ》を突き合わせて話し合うことに、果たしてどれほどの意味があるでしょうか？

月曜の朝といえば、休み明けだからこそ、それぞれの業務が多忙を極めるタイミングであるはず。わざわざそこに合わせて社内の定例ミーティングを設定するのは、どうにも非効率に思えてなりません。

定例会議の廃止を提言し、皆に感謝された

私は会社員時代、ある現場でそうした定例ミーティングをすべて廃止するよう上司に提言したことがありました。

最初は「馬鹿なことを言うな」と一蹴されてしまいましたが、それでも会議をオンライン化して、社内システム上に用意したスレッドに各自が都合のいいタイミングで必要事項を投稿するようにすれば、大幅に効率が上がるはずだと粘り強く説得を続けました。

このやり方なら、いつでもパソコンから書き込むことができ、それぞれが手の

空いた時間にチェックできます。いまなら通勤中にスマホでチェックできるため、なおさら便利でしょう。

結果的に私のアイデアは認められ、月曜朝の定例ミーティングは廃止されました。そして、同僚はもちろん、上司からもこんな言葉をかけられたのです。

「おかげで効率が大幅に上がったよ。もっと早くこうすればよかったな」

彼らにしてみれば、知らず知らずのうちにはまり込んでいたコンフォートゾーンのなかにいたわけですね。

「定例」で設定されているタスクだからと、その本質を疑うことなく野放しにしてはいけません。ぜひあなたも、常日頃から疑問に思っていた「定例○○」に疑問の声をあげてみてください。おそらく、「じつは私も……」という賛同の声が思った以上に得られるはずです。

日本企業にはまだまだ保守的なムードが色濃く、それが改善であってもできる

だけ現状維持を優先する傾向が見られます。なぜなら、変化は少なからずストレスを伴うからです。たとえそれがよい変化であったとしても。

しかし、柔軟な発想をもってよりよい環境を整える努力は必要でしょう。


コンフォートゾーンを抜け出すことは、決して難しいことではありません。どんなにささいなことであっても、少し視点を変えて新たな環境を演出することで、さまざまな面でプラスの影響をもたらします。

「疑問の声をあげる」

まずは日常のなかのたった1分でできる範囲から、ぜひ試してみてください。

この習慣のまとめ

10

ルーティンを疑うことがコンフォートゾーンから飛び出すための第一歩

第3章

運がいい人は「PDCA」より「DCAP」

～スピードだけが結果を生み出す～

恋愛もビジネスも一番乗りが有利

日本人の多くはビジネスにおけるスピード感が足りない。これは私が常日頃から感じている大きな特徴です。

たとえば若者のあいだで新しいＳＮＳツールが流行り始めたとき。勘がよくて動きの早い人は、すぐに次のＳＮＳマーケティングの仕掛けに入ります。

近年では「TikTok」あたりが好例でしょう。世間でにわかに話題になり始めた瞬間に動き出すビジネスパーソンはちゃんといて、インフルエンサーと呼ばれるユーザー（あるいはインフルエンサーになり得るユーザー）を確保し、企業マーケティングに活用する。こうなると、ユーザー数の爆発的な増加の波に合わせ、大きな影響力を持つことができます。

すべては高いアンテナ感度とスピーディーな動き、この２点が勝因なのです。

それなのに、多くの人が、目の前に落ちているビジネスのヒントを「いったん検討します」「帰ってから上司に確認してみます」などと先延ばしにし、結局は誰かに先を越されてしまいます。

あのサントリーの創業者・鳥井信治郎さんの口ぐせであったとされる「やってみなはれ」は、今日では同社の社是になっているほど。

日本を代表する経営者をもってしても、〝やってみなければわからない〟ことを痛感していたのでしょう。だから、まずやってみることが大切なのだ、と。

日本のビジネスシーンでよく用いられる「ゆでガエル理論」などは、こうした現象を的確に突いているといえます。

これは徐々に進行する環境変化に対応することの重要性を説いたたとえ話です。カエルを熱湯のなかに投げ入れれば、驚いて飛び出してしまいます。しかし、常温の水で満たされた鍋にカエルを入れ、少しずつ加熱していった場合は、カエルは命の危機に気づかないままゆで上がって死んでしまう、というものです。

残酷なたとえ話ではありますが、これはつまり、人は進行の遅い変化に対応するのが苦手であるということを指摘しています。

私自身、常に意識しているのは、「いい」と思った案件には、なるべく迅速に手をつけるということです。なぜなら、ビジネスというのはどの分野においても、一番乗りが絶対的に有利だからです。

ある印僑《いんきょう》の成功者は、こう言っていました。

「恋愛もビジネスも、はやく動いた奴が強いんだ。だから、逃して後悔するくらいなら、フライングで失敗したほうが100倍マシだよ」

これは言い得て妙だと思います。

これまでなかったサービスや、誰も思いつかなかった商品というのは、それだけで価値があります。私が今日、こうして成功者として注目されるのも、この〝一番乗りの法則〟を重視してきたからです。

DとCで物事を進め、Pは最後

ビジネスの世界ではよく、PDCAサイクルという概念が用いられます。

みなさんもよくご存じのように、その内訳は次の通り。

◆ P（Plan＝計画）
◆ D（Do＝実行）
◆ C（Check＝評価）
◆ A（Act＝改善）

つまり、ある目的に対してまず計画を立て（Plan）、次にそれを実行し（Do）、その内容を評価したうえで（Check）、改善する（Act）。この4つの行程を繰り返すことで、業務を効率化できるという理論です。

これは「まずやってみる」という考え方に近いものですが、これだけではまだ不十分。

たとえば、ジュガールに基づく印僑たちの行動原理をひもとくと、PDCAではなく、「DCAP」のサイクルで動いていることがわかります。

最初に実行があり（Do）、その成果を見ながら評価を行い（Check）、改善しながら動き続ける（Act）。計画（Plan）はその後でいい。そんなスタンスで

す。

何よりもスピードを重視するインド人は、とにかくＤＣで走らせることを優先します。それと並行してＡを取り入れる。Ｐはあくまでその後。皆、計画に振り回されることなく、走りながら考えるのです。

時間は、すべての人間に等しく流れる有限なもの。

現代のように技術や流行が目まぐるしく入れ替わる時代においては、こうしたスピード感がなければ成功は得られません。

スピード最優先で、まず行動を起こすように発想をアレンジする。これにより、ＤＣＡＰのサイクルが生まれます。そして、一度ＤＣＡＰのサイクルを終えたら、あとはＤＣＡ、ＤＣＡ、ＤＣＡの繰り返しです。

また、すぐに行動する習慣を持てば、余計な不安と対峙する時間が減るという事実もおぼえておいてください。

断られるかもしれない。失敗するかもしれない。そんな仮説を立ててビクビクしているなら、いますぐ行動を起こして結果を明らかにすればいいのです。

1分の習慣
11

迷ったときはすべて「YES」と答える

上司や先輩から何か課題を与えられたとき、それが難易度の高いものであったり、未知のものであったりすると、人は最初に不安をおぼえます。

だからといって、そこで「でも」や「しかし」といった逆説を口にしたところで、何も生まれません。それよりも、すべてのことについて、「まずやってみる」というスタンスを持つことが重要です。

上司や先輩から新しいプロジェクトに関する相談を受けたり、何か頼まれごとをしたりしたときは、あなたもまず、「できます」と答える習慣をつけてみてください。

ユーザーを感動させた孫正義の「やりましょう」

数年前、ソフトバンクの孫正義さんが、ツイッターのフォロワーたちから寄せられるリクエストやアイデアについて、その場で「やりましょう」と応えて話題を集めました。

フォロワーの側からすれば、日本を代表する大企業をユーザーからのリプライひとつで動かせるなんて、夢にも思っていなかったでしょう。しかし、実際に実現した事案は少なくありません。

孫さんの素晴らしいところは、これを直接的なマーケティングととらえた点にあります。あいだに代理店やコンサルタントを介することなく、エンドユーザーからダイレクトに寄せられた声なのですから、これを重視しない手はありません。

そこで、寄せられたリクエストに対して孫さんは、

◆「**やりましょう**」

◆「**検討します**」

◆「**できました**」

という3つのレベルで回答を使い分けました。

リクエストの内容はさまざまで、スマホの筐体《きょうたい》の下取り手続きの簡素化や、キャリアメールの機能拡張、各種プログラムへの資金支援など、多岐にわたります。孫さんはその場で3つの回答で要望の内容を分類しただけでなく、それらについての進捗状況をインターネット上で公開しました。

自身、あるいは自社だけで対応しにくいアイデアについては、「検討します」といったんレスを返すこともありましたが、その流れを見ていると、これはあくまで「(実現の方法を)検討します」というニュアンスであることがわかります。

いまでもサイトで確認することができますが、最終的に「できました」と完了した案件は、じつに162件にも上っています(2019年4月時点)。

かつてこれほどの瞬発力と行動力を備えた経営者が日本にいたでしょうか?

これこそ、ジュガールに通ずる行動原理そのもの。スピーディーな行動が運を引き寄せるということを、トップクラスの経営者は皆、理解しているのです。

まずは「できます」と答える。方法は後から考えればいいのです。これは印僑たちと同じ、DCAPのサイクルです。

仮に結果がついてこなかったとしても、最初からやらないこととは、似ているようで大きな違いがあります。なぜなら、実際に動いてみたことで、何が足りないのか、何が障壁となるのか、具体的な情報が得られているからです。

この先、これが大きな武器に化けることがあるかもしれません。

それは間違いなく、次のステップへの糧になるでしょう。

「不可能であることがわかった」。これもひとつの前進のかたちです。

この習慣のまとめ

11

まず「YES」と答え
方法は後で考える
そのスピード感が運を引き寄せる

1分の習慣 12

大きなゴールを設定し「小さな一歩」を書き出す

「千里の道も一歩から」というように、どんな壮大な計画でも、最初は小さな一歩から始まるものです。

そう、最初はほんの一歩から。そう考えてみれば、いまの自分には不相応に思える大目標にも、立ち向かえる気になりませんか？

仕事でもプライベートでも、みなさんにはそれぞれ目標があるでしょう。まずはそれを具体的に思い浮かべてみてください。

「TOEICでスコア800点を目指したい」でも、「結婚して家庭を持ちたい」

でも、どんなことでもかまいません。

大切なのは、そのためにどのような行動を起こすか、です。


英語力を高めたいのであれば、一日ひとつの単語をおぼえるという、小さな一歩からスタートしてもいいでしょう。これを確実にやり通せば、1年で365個の新しい単語をおぼえることができます。

一般的に日常会話に困らないレベルに達するには、2000語の語彙が必要とされていますが、すでに知っている単語も含めれば、これは意外と遠くない目標設定でしょう。

あるいは、結婚を望むのであれば、まずは相手となる異性と出会うために行動を起こさなければなりません。結婚相談所のホームページにアクセスしてみるのも、友人知人に「真剣に結婚を考えているんだけど、誰かいい人いない？」とメッセージを打つのも、ほんの1分でできることです。


その一歩を踏み出したとたんに物事が動き始め、「もっと早く動いていれば！」と後悔した経験が、あなたにもありませんか？

できることを可視化すれば、足りないものが見えてくる

どうしても一歩を躊躇《ちゅうちょ》してしまうときに効果的なのが、できることをリストアップすることです。

たとえば、大雑把に「お金持ちになりたい」という目標を立てた場合。どのような手段でお金を稼ぐのか、自分にできる可能性をリストアップしてみましょう。

◆趣味を生かして副業を考える
◆特技のプログラミングで独立する
◆3000円から積立投資を始める

このなかで、もしあなたが副業を始めると決めたのであれば、今度はそのために必要なことを書き出していくのです。

自分の趣味や特技のなかで、他人から必要とされそうなものは何か？
それをマネタイズするためにはどうすればいいか？

そのプロセスを具体的にイメージしていくと、現時点でそれを実行するために何が足りていないのか、はっきりと認識することができるでしょう。
こうして具体的に書き出していくだけでも、目標に向けて少しだけ前進した気分になるはずです。

そしてじつは、この書き出すという行為もまた、小さな一歩です。
目標が大きければ大きいほど、そのために膨大な準備が必要になると思われがちですが、それは大きな誤解です。目標が大きいからこそ、一刻も早く行動を始めるべき。大きな一歩よりも、小さな一歩。スタートが早ければ、それだけ目標に早く近づくことができるのです。

この習慣のまとめ

12

千里の道も一歩から
目標が大きいほど
小さくスピーディーな一歩を

1分の習慣 13

アポイントはその場でとりSNSでグループをつくる

「サチンさんは本当に、思い立ったらすぐに行動する人ですね」

私はよく周囲の人から、このような言葉をかけられます。それも当然。私は常にDCAPのサイクルで物事を動かしているからです。

年に何度か、故郷インドに出張することがありますが、空港に降り立つやいなや、スマホを取り出すのは当たり前。

「ご無沙汰しております。サチンです。いまインドに帰ってきているのですが、少しお会いできませんか？　日本企業とのいいビジネスの話があるのですが」

歩きながら、あるいはタクシーのなかから、インドの企業の経営者にそんな電話をいくつも入れます。

もちろんミーティングで素晴らしいアイデアが出れば、すぐにキーパーソンとなる人物にその場で、電話でアポイントを入れます。

もう何年もこうした行動を続けているものですから、最近では私から突然電話がかかってくると、「お、サチンさんが何かいい話を持ってきたな」と、快くすぐに時間をつくってくれる経営者も少なくありません。

私にとってこうした行動はごく自然に、それこそ習慣として根づいているものですが、多くの人にとっては違うようです。たいていの人は、「では、のちほど連絡しておきますので」と行動を保留し、そのままミーティングを続けます。

これは元来のせっかちな性格によるところも大きいかもしれません。電話ひとつ、メールひとつで済むタスクを、短時間とはいえ保留することには、リスクしかないというのが私の考えです。

その場でできることを後回しにすると、うっかりそのタスクを忘れてしまうよ

うなミスが発生しがち。しかし、その場で済ませてしまえばそのリスクはゼロにとどめることができます。

それに、心理的にも後回しにした作業というのは、なんとなく面倒に感じてしまうもの。すべての物事には勢いとテンポが必要なのです。

SNSのグループづくりでテンポを加速させる

さらに私がおすすめしたいのが、プロジェクトに関わるメンバー全員で、フェイスブックなどのSNSでグループを作成しておくこと。

そして、メンバーが増えるたびに、すぐにグループに加えるのです。

すべての連絡事項は、そこに投稿すれば全員で一度に共有できるのですから、これは便利。なかにはSNSはプライベート用と考え、こうしてビジネスに使うことに抵抗を持つ人もいるかもしれません。しかし、もはやそんなことを言っていられる時代ではないことを知っておくべきでしょう。

ホリエモンこと堀江貴文さんなどは、もう何年も前から「いまどきフェイスブックも使っていない人間とビジネスをする気はない」と公言していました。この発言をさらに深読みすれば、「こうした利便性の高いツールを活用しないレベルの人とは、ビジネスで絡む必要はない」ということでしょう。

じつは本書を作成する過程においても、私は早い段階でフェイスブックでのグループ作成を指示しています。

編集にたずさわる出版社側のスタッフや私の秘書など、このプロジェクトに関わるすべての人間をグルーピングする。この作業は、1分もあれば完了します。そしてその後、企画内容の相談やミーティングの設定といった業務連絡は、すべてこのグループ内のやり取りで行いました。原稿チェックなども、ファイルをマウスでドロップするだけで全員に共有できるのですから、非常に手軽。

グループをつくるという簡単な手間で、全員の意思疎通のスピードが格段に上がることを、きっと本書にたずさわったメンバーも実感しているでしょう。

メールと異なり、冒頭の定型的な挨拶文が不要なのも、メッセンジャーが効率的である理由のひとつですね。

このSNSでのグループづくりは、もちろん遊びでも効果を発揮します。レジャーや飲み会の話で盛り上がったら、すかさずグループづくり。そうして動かしていけば、時間が経つと白けてしまい、結局開催されなかったなんていうこともなくなります。あなたの評価も「仕事が早い！」とうなぎ上り。

情報の共有という単純作業に、余計な手間や時間をかけるのは大きな無駄です。これだけコミュニケーションツールが発達しているのですから、存分に活用し、迅速に対処すべきでしょう。

ビジネスはもちろん、プライベートでも、ちょっとせっかちでいるほうがいいかもしれませんね。

この習慣のまとめ

13

その場の行動とSNSの活用で物事がスピードアップし評価もうなぎ上り

1分の習慣 14

ひとつに集中せず「いい話」にはすぐに飛びつく

よく聞かれるのが、「サチンさんはうまくいくビジネスとそうでないビジネスを、どう判断しているのですか?」ということです。

セミナー事業、食品事業、英語教育事業、投資事業など、多種多様なビジネスを展開していると、日常の何気ない一コマのなかに思わぬ事業の種を見つけることがあります。

そうした種のなかから将来伸びそうなものを選んで資金を投じるのですが、正直なところ、私のなかにも明確な基準はありません。

あえて言えば、自分の判断を信じ、「すぐに飛びつく」ことでしょうか。そし

てその際に、ほかに進めているプロジェクトがあっても躊躇しないことです。

思いついた瞬間に「これはいける！」と確信し、投資を決め、大きな事業の柱に育ったものが、ざっと数え上げただけでもたくさんあります。

「日本企業のインド進出を支援する国際コンサルタント業務」「インドの人脈を生かしたＩＴ系エンジニアの派遣業」「インド国内で営んでいる飲食事業」……。なかでも判断のスピードがものを言ったのがＩＴ系エンジニアの派遣業です。

本書の冒頭にも書きましたが、私は来日当初、電話回線の営業をする一介のサラリーマンでした。

そこで結果を出し、次なる新天地を求めて起業したのが旅行会社。インド周辺へのツアー商品が目玉で、これが実業家としての私のスタート地点です。

そんな起業直後で慌ただしく動いていたある日、私のもとに一本の電話がかかってきました。

電話の主はヘッドハンティングを生業《なりわい》とするヤングエグゼクティブで、大手の人材派遣会社の幹部として私を引き抜きたいというのです。

自分の会社を起こしたばかりですから、もちろんこのお誘いは丁重にお断りすることになるのですが、私はこの人物との対話から、あるヒントを得ました。

ピンチを救った人材派遣業

彼はなぜ私を引き抜こうとしたのか。それは当時の背景として、世界中でインド人のＩＴエンジニアが求められていたからです。

聞けば、こうした人材派遣業では、フィックスした人材が受け取る年俸の30％が仲介料になるといいます。つまり、年俸１０００万円の人材をアサインできれば、仲介料は３００万円。

ここで、私はピンときました。

特別な設備投資が不要で、人材を仲介するだけでこれほどの売り上げが確保できるなら、自分で人材派遣業を立ち上げるのが、最も旨味があるのではないか。

当然、私にはインド人に対する知見やネットワークがありますし、企画力や交渉力にも自信があります。うまくすれば、インド人エンジニアと日本企業の双方に利があるビジネスに育てられるかもしれません。

「これはいける！」。そう直感した私は、旅行会社を設立したばかりであるにもかかわらず、すぐにインド人ＩＴエンジニア専門の派遣会社を設立したのです。

さっそく母国インドから人材を募り、日本の転職フェアにマッチングの場を求めて業務を開始。思惑はずばりと当たりました。

おそらくは日本初のインド人ＩＴエンジニア専門派遣会社は、設立したその月のうちに３人の有能な人材をアサインし、年俸１０００万円の３割を３人分、つまり９００万円を売り上げることができたのです。

そして、そのタイミングであの、「9・11同時多発テロ」が発生しました。

これにより、旅行会社の事業は大ピンチ。主力商品である旅行先のインドは、世界で3番目にイスラム教徒の多い国なので、これも当然でしょう。

私の会社もあっという間に売り上げが激減しましたが、幸いにして派遣事業で多額の利益が出ていたため、このピンチを乗り越えることができました。
もし、人材派遣のビジネスを思いついたときに、「まずは旅行事業を軌道に乗せてから準備をしよう」などと悠長に構えていたなら、テロと同時に私の会社は消し飛んでいたでしょう。

「いい！」と思ったらすぐに手を出し、他の事業と並行して進めていく。まさしく、この判断が人生を左右する運の境目となったのです。

成功を求めるのであれば、フライングを恐れてはいけません。

「幸運の女神には前髪しかない」と言ったのはレオナルド・ダ・ヴィンチですが、チャンスが通り過ぎた後に慌てて手を伸ばしても、つかむ後ろ髪はないのです。

この習慣のまとめ

14

ひとつに集中することもリスク「いい話」がきたら並行して進めるべし

1分の習慣
15

ときには順番を飛び越え「直談判」する

日本人は「順番」を大切にします。

部長の前に課長、課長の前に係長。その順番を飛び越えるのはご法度です。

しかし、ときにはその順番を飛び越えることで運を呼ぶことがあるのです。

つい最近、日本人におなじみのカレーチェーン店『カレーハウスＣｏＣｏ壱番屋』（以下、ココイチ）が、カレー発祥の地であるインド進出を狙っているとの話題が、ネット上をはじめいくつかのメディアで取り上げられました。

じつは、このココイチのインド進出は、私が何年か前から仕掛けていた事業のひとつです。

私はもともと、ココイチの大ファン。辛さもソースもトッピングも選べる自由度に加えて、各シーズンにリリースされる季節限定商品がまたおいしい。とくに私が気に入っているのは「チキン煮込みカレー」の2辛、そしてゆで卵トッピングです。

週に何度も通ううちに、こう思うようになりました。

「これほどおいしいカレーなら、絶対にインドでもヒットするに違いない。これはビジネスとしても大きな可能性を秘めているはずだ」

ココイチの社長に電話で直談判

思いついたらすぐ行動するのはジュガールにも通じる考え方。その時点でできることは、ココイチのインド進出をお手伝いしたいと手を挙げることです。

そこで私はスマホを取り出して、ココイチを運営する株式会社壱番屋の代表番号を検索し、すぐに電話をかけました。

「インドの商工会議所の日本代表を務めているサチンと申します。浜島俊哉社長（当時）はいらっしゃいますか？」

思いつきからものの1分ほどでそう電話をかけ始めた私を見て、隣の秘書がびっくりした顔をしていたのをおぼえています。しかも相手はトップである社長。これがビジネスにおいて大切なスピード感なのです。

ただし、私もまったくの無策で行動しているわけではありません。

たとえば自分の会社ではなくインドの商工会議所を持ち出したのは、見知らぬ会社名を名乗ることに意味はなく、かえって警戒されてしまうと感じたからです。あいにくこのとき、浜島社長は不在でしたが、後日あらためて「ぜひお会いしましょう」とのお返事をいただくことができました。

私は「この会社と一緒にビジネスをやりたい」と思ったら、ツテがなくてもすぐにその会社のトップに電話をします。

手紙やメールではなく、相手の声色から反応を読み取ることができる電話を使うのも、ひとつのポイントでしょう。

果たして、浜島社長は私の申し出を歓迎してくれました。

後で浜島社長から聞いたところによると、同時期にインド進出を進める複数の会社からコンタクトがあったとのこと。考えてみれば、あれだけおいしいカレーを展開しているのだから、ライバルがいるのは当然でしょう。

もしあのとき、私が浜島社長に直接コンタクトをとることを躊躇していたら、今日の関係は築けていなかったかもしれません。

重要なのはスピード。そのために最も早く結果が得られる方法を考え、必要な相手に直談判をすることが大切なのです。

この習慣のまとめ

15

決定責任者への直談判
そのスピード感が
物事を大きく動かす

第4章

運がいい人は「成功環境」をつくる

～成功の絶対法則は成功者の模倣～

環境が人に成功をもたらす

人は環境から多大な影響を受けます。

付き合う人間のレベルが高ければ、それについていこうと必死に学ぶことになるでしょうし、周囲で流行っているものは、自分もやっぱり気になってしまうものです。

私はこれまで多くの成功者と接してきました。

ビジネスや芸能関係など、さまざまなジャンルで結果を残している人たちと一緒にいる空間は、学びの宝庫。

これまでまったく知らなかった情報が飛び交う環境に身を置き、本来なら縁のなかった人たちと交流することで、自分のなかの引き出しがどんどん増えていきます。

私が、とりわけ大きく彼らから影響を受けたのが「情熱」です。成功者たちは、皆一様にパッションの塊《かたまり》です。だから、講演やセミナーの冒頭では必ず、「情熱を持って私の話を聞いてください」と呼びかけるようにしています。

情熱があれば、人はポジティブな状態を保つことができ、何事にも前向きに取り組むことができます。

自分のやりたいことを実現していたり、ビジネスに成功している人たちも、生まれもって成功者だったわけではありません。皆、目標を明確に見据え、努力の末に成功をつかみ取った人たちばかりです。

その努力の原動力となっているのがパッションで、「やはり人やお金は、こういう情熱的な人のまわりに集まるのだな」と、思わず納得してしまいます。

そうした周囲の成功者から得た発見は、私のビジネスにおいても随所で役に立っています。

つまり、成功を目指すなら成功者と付き合うのが一番。成長を求めるなら、常にワンランク上の人たちのなかに身を置くのがベストなのです。

あの、世界三大投資家の一人に数えられるジム・ロジャーズ氏もまた、私に情熱の大切さを気づかせてくれた恩人です。

あるとき、私が成功の秘訣を尋ねると、彼はこう答えてくれました。

「情熱、パッションを持つことだよ」

本気でお金持ちになりたいと思っている人は、資産をつくるためのあの手この手を考え出し、片っ端から実行するでしょう。

一方、なんとなく「いつかお金持ちになれればいいな」と考えている人は、リスクを冒さず楽をするスタンスが染みついています。このタイプの人は、年に何度かの宝くじに夢をかけたりするのでしょう。

つまり、本気でお金持ちになりたい人は、「お金を増やすこと」を考え、そうでない人は「お金が増えること」を考えているという違いがここにあり、どちらがより目標に近づくことができるのかは、言わずもがなでしょう。

私がこうした法則に気づくことができたのも、周囲にさまざまなタイプの成功者がいる環境に身を置いているからです。

もし、私があまり人と接することなく、気楽な友人だけに囲まれて過ごしていたら、こうした発見は得られませんでした。

環境は人に発見と気づきをもたらします。

求める成功に向かうためには、そうしたよい運をもらえる環境に身を置くことが必要です。

周囲の人間関係はもちろん、オフィス環境や住環境など、長い時間を過ごすことになる状況的環境もまた、大切な要素。

こうした人の運を引っ張り上げてくれる環境を、私は「成功環境」と呼んでいます。

1分の習慣

16

自分が憧れ、目指す人物をランチに誘う

憧《あこが》れというのは大切な情熱の源です。

「あの人みたいになりたい！」

そう思える人物が身近にいるなら、これはひとつのチャンスです。
ぜひ、積極的に交流を試みるようにしてください。

もしあなたが、会社での営業成績が振るわず悩んでいるのであれば、成績トップの同僚や先輩をランチに誘ってみるといいでしょう。

あまり親しくないからと及び腰では、現状は何も変わりません。断られてもともとなのですから、勇気を出して声をかけてみるべきです。

また、いい企画が出せずに苦しんでいるなら、ヒット作品を多数送り出したプロデューサーやディレクターに、SNSなどでアタックしてみるのもいいでしょう。駄目もとでお願いすることにコストはかかりません。

万が一にも「いいですよ、お会いしましょう」と言ってもらえるようなことがあったら、とてつもないリターンが得られます。

もちろん仕事だけではありません。

語学の上達を目指すなら、やはり語学に長けた先輩に声をかけてみましょう。どのような勉強法が最も効率的であったか、実体験にもとづいた具体的なアドバイスを聞くことができるはずです。

プライベートを充実させたいのであれば趣味を謳歌《おうか》している友人と、結婚したいのであれば既婚者の友人たちと付き合うようにするのです。

自分が目標に掲げることをすでに叶えている人なのですから、自分には思いも

ようなかった視点やノウハウを、たくさん持っているに違いありません。きっと有意義なアドバイスがもらえるでしょう。

ところがおかしなことに、日本人の多くは自分と同じレベルの人とばかりつながっています。

人は背伸びをしただけ成長するというのが私の持論です。だから、あらゆる面で自分よりも高いレベルにいる人に囲まれていれば、自分もいつかそのレベルに到達できるはずです。

大切なのは、自分と同じレベルのコミュニティから一歩踏み出す勇気。求める分野ですでに実績を持っている人の話や体験には、あなたにとって多くの知見が含まれています。

ネガティブな人には近寄らない

逆に、自分にマイナスな影響をもたらす人を見極め、なるべく関わらないようにすることも必要です。

運の流れというのは、意識の持ち方によっていいほうにも悪いほうにも変わります。物事を悪いほうにばかり考えていると、運気はどんどん下がってしまいます。

みなさんのまわりにも、ネガティブな想像を巡らせて、余計な心配ばかりしている人はいませんか？

残念ながらそういう人にいい話が舞い込むことはありませんし、次第に周囲から人が去っていってしまうものです。その人物のそばにいることで、あなたまで同類に見られてしまっては元も子もありません。

ネガティブな人には近寄らないことが、運気を下げない秘訣。

とりわけ愚痴っぽい人は要注意で、仕事の愚痴、家庭の愚痴、世の中への愚痴ばかり語る人との交流は、できるだけシャットアウトしてください。

これは第1章で述べた「ネガティブの断捨離」に通ずる考え方といえるでしょう。

それよりも、あなたの友人知人のなかから、「この人は前向きな性格だ」と思える人をリストアップしてみてください。思い浮かべるだけでパワーをもらえるような人が、周りにも何人かいるはずです。

そして、1カ月だけでいいので、すべてのオフや余暇はその人たちとだけお付き合いするように心がけるのです。

きっとその1カ月で、あなたの心や精神状態も大きくリフレッシュされるはずです。同時に、人がいかに周囲との交流から影響を受けているか、身をもって知ることになるでしょう。

いい運を保つ環境は、自分で整えなければなりません。

この習慣のまとめ

16

目指す世界との交流がそのステージへ自分を引き上げてくれる

1分の習慣
17

自分の強みを誰かに聞く

成功している人たちとの交流と並行して、ぜひ実践してほしいことがあります。
それは、周囲の誰かにあなた自身の「強み」を聞いてみることです。

どれほど頭のいい人でも、自分自身を１００％客観視することは不可能です。
もし、「自分の長所はここだ」と思っていても、他人がそう思っていなければ、それはただの勘違いということになります。

自分の手持ちの武器を自覚することは重要で、せっかく備えている強みに気づいていなければ、まさしく宝の持ち腐れです。

では、自分の武器とは何かというと、それはいつも近くであなたを見ている第三者が教えてくれるのです。

たとえば、私がこうして本を出版するようになったのも、ある尊敬する先輩経営者の助言がきっかけでした。

「君の場合、こうして成功したプロセスそのものにじつは大きな価値がある。とくにビジネスパーソンにとっては、たくさんのヒントが詰まっているはずだから、ぜひコンテンツ化したほうがいい」

そう言ってもらえるまで、まさかインド人である自分が日本で本を出すことになるとは夢にも思っていませんでした。

また、講演やセミナーを定期的に催《もよお》すようになったのは、友人の助言でした。

「あなたはおしゃべりが得意だから、スピーキングビジネスに向いているんじゃない？」

いまとなっては誰にも信じてもらえませんが、私はもともと人前で話すことが得意ではないと思い込んでいたので、これも思いもよらないアイデアでした。

実際、こうして出版もセミナーも軌道に乗っていることを思えば、彼らの意見がいかに的確であったかがわかります。

つまり、他人から見える自分の姿こそが、本当の自分であるということが往々にしてあるわけです。

私だって自分のことをいまでもちゃんと理解しきれずにいます。だからこそ、いつでも周囲からのアドバイスを大切にしているのです。

そのうち私が「もう自分のことはすべて把握《はあく》しました」と言い出すようなことがあったなら、そのときはもう、私の本を読む必要はありません。

あなたをよく知る第三者を大切にする

ここで大切なのは、「あなたから見て、私の強みはどこだと思いますか?」と、本音で聞ける人を、常に身近に持っておくことです。

人は環境や経験によって絶えず変化、成長しているもの。10年前の私の武器と、

現在の私の武器は、少し質や内容が変わってきているかもしれません。

そこで、久しぶりにやってみました。

複数のビジネスを一緒に行っているパートナーや、これまで何冊も著作を出した出版社の担当編集者に、私がなぜこうしてビジネスで成功することができたのか、私の武器とは何か、忌憚《きたん》のない意見を求めたのです。

すると面白いことに、彼らはそろって同じポイントを指摘してくれました。

「サチンさんはとにかく行動が早いんですよ。何か閃《ひらめ》いたら、その場で関係者にすぐ電話をしますよね」

「サチンさんの最大の武器は熱量ですよ。〝これを実現したい！〟という気持ちが前面に出ているから、いろいろな相手を巻き込むことができるんです」

「一緒に仕事をしていると、バランス感覚のよさを感じます。自分とパートナーとお客さん、三方よしの構図をつくるのがうまいですよね」

彼らはまるで口裏を合わせたかのように、この3点を挙げてくれました。ということはつまり、スピード、情熱、バランス感覚の3つこそが私の武器なのでしょう。じつに勉強になります。

こんな私でも、「ちょっと強引すぎるかも?」とか、「さすがに時期尚早《しょうそう》だっただろうか」などと、自分の行動に迷いが生じることがあります。

しかし、このヒアリングによって、スピードや情熱が自分の武器であることが実感できました。しかも、その行動には他人から見てバランスが担保されているのだから安心です。

おかげで私はこれからも、自信を持って信じた方向に邁進《まいしん》できるでしょう。

あなたもぜひ、近い関係者に自分の強みを聞いてみてください。

この習慣のまとめ

17

自分を一番知らないのは自分
近しい人に聞いた
自分の強みが武器となる

1分の習慣 18

ホテルのラウンジでミーティングをする

どこにお金をかけるかというのは、人それぞれです。

高い家賃を払っていい家に住む代わりに、食事はいつも質素でお酒も飲まない。高級な外車に乗る代わりに、洋服はファストファッションで我慢する。

かぎられた収入をどう振り分けるか。あなたも趣味や嗜好《しこう》によって、お金の使い方を日頃から考えていることでしょう。つまり消費の優先順位の問題です。

じつは、こうした消費の傾向にも、成功する人とそうでない人との差が表れます。

仕事のミーティングを行う際、どんな場所を選ぶかというのもそのひとつ。成

功する人は、街のコーヒーショップではなく、ホテルのラウンジを選びます。

当然、かかるコストは段違いで、街のコーヒーショップなら1杯250円程度の店もあるのに対し、ホテルのラウンジでは1000円以上するのが当たり前。豆の品種や品質に差があるとしても、どちらも同じコーヒーなのですから、4倍も5倍もお金を費やすことに抵抗感を持つ人もいるでしょう。

しかしこのお金は、「コーヒーを飲む」という体験を買っているのではなく、心地よくミーティングができる「環境」を買っているのです。

お金に好かれ、お金が集まってくる人というのは、総じてリッチな体験を買うことに出費を惜しみません。価値があると判断したことには、たとえ高額であっても積極的にお金を使うのが、成功者の消費パターンなのです。

得られる成果の費用対効果で考える

もう少しグレードを上げて、飛行機でたとえてみましょう。

私は海外に行く長時間のフライトでは、必ずビジネスクラスを利用しています。当然、エコノミークラスと比べれば足元もゆったり。シートの質がいいので腰が痛くなることもありませんし、寝心地も良好。食事やお酒も上質なものが提供され、十数時間におよぶ移動時間をとても快適に過ごすことができます。

もちろん、エアチケット代はエコノミークラスの比ではありません。その分を旅先の食事やホテル代に使ったほうがいいという考え方もあるでしょう。

しかし私は、快適性だけにお金を払っているわけではありません。

移動における疲労が軽減されれば、到着してすぐに動き始めることができ、現地滞在中の時間を有効に使うことができます。

もしエコノミークラスを利用していたら、移動疲れでぐったり。まずはチェックインしてホテルで一休みしよう、なんてことになりかねません。

つまり私がビジネスクラスにお金を払うのは、移動の心地よさだけでなく、現地での〝可処分時間〟を買っているに等しいわけです。

先ほどのホテルのラウンジの例も同じです。

高いお金を出して良質の環境を買うことで、いつもより柔軟な発想が生まれたり、思いがけない閃《ひらめ》きが降りてくるかもしれません。

もし、それがのちに成功するビジネスにつながったとしたら、ほんの1000円の違いで絶大な費用対効果が得られたことになりますよね。

成功している人たちの行動パターンには、こうした「成功するための環境づくり」に通じているものが少なくありません。

私が「成功したいなら、成功している人たちと積極的に付き合うべき」と常々話しているのも、そうしたセオリーをぜひ学んでほしいからなのです。

この習慣のまとめ

18

成功者たちは成功への環境づくりにお金を惜しまない

1分の習慣
19

ハッピーエンドの映画の予告編をスマートフォンでブックマークする

よく知られていることですが、インド人は映画が大好き。

インドの年間の映画制作本数や観客動員数はじつは世界一で、年間に売れるチケットはなんと30億枚といわれるほどです。

たまにインドに帰省すると、デリーやムンバイあたりの大都市に、新しいシネマコンプレックスが続々とオープンしていて驚かされます。

インドで人気が出る作品には、ひとつの大きな特徴があります。それは必ずハッピーエンドで終わるということ。CGを駆使したアクション映画でも、ミュージカル仕立てのラブロマンスでも、最後は誰もが胸をふるわせる素敵なシーンで締めくくられ、幸せな余韻を残してくれる作品ばかり。

これはポジティブな環境に身を置く方法のひとつです。

映画を見るという体験を通して、晴れやかな後味を買うわけですね。

苦境に立たされた主人公が、紆余曲折《うよきょくせつ》を経て（少々強引な展開であっても）最後に成功をつかむ姿を見て、「自分も明日から頑張るぞ！」と意を新たにする。どうせ２時間ほどの時間を費やして映画を見るなら、ポジティブな環境をつくることに生かしたいというのが、ジュガールに長けたインド人のメソッドです。

ただし、多忙なビジネスパーソンのなかには、映画を見るための時間を捻出《ねんしゅつ》できないという人もいるでしょう。

そんなときは、予告編でもかまいません。プロの手によってしっかり編集された予告編は、映画のハッピーなエッセンスを端的に伝えてくれます。

私のおすすめは、実際のＶＨＳビデオの開発プロジェクトを映画化した「陽はまた昇る」という西田敏行さん主演の映画で、まさに日本版ジュガールというべきメソッドがたくさん詰め込まれた物語。YouTube でよくこの映画の予告編を見てはパワーをもらっています。

アメリカ映画「幸せのちから」は、事業に失敗して一度はホームレスになるまで落ちぶれたクリス・ガードナーが、最終的に成功をつかむまでを描き、鑑賞後に素晴らしい余韻を与えてくれます。

また、エンジニアを志す3人の大学生の生き様を通して、真の友情や幸せ、競争社会への風刺をコメディタッチで描くインド映画「きっと、うまくいく」は、ジュガールの考え方をそのまま取り込んだ内容に仕上げられています。

こうした映像を YouTube などでいつでも見られる環境を整えておけば、短時間で一気にモチベーションを高めてくれるのでおすすめです。

この習慣のまとめ

19

予告編ならせいぜい2~3分
ハッピーなエッセンスが
短時間でモチベーションを高めてくれる

1分の習慣

20

ＳＮＳを使って相手の感情を知り効果的なタイミングでメッセージ

この章の最後に、ＳＮＳを使って運気のＤＣＡＰを整える方法をお伝えしましょう。

ツイッターやフェイスブック、インスタグラムなどに否定的な人も少なくありませんが、これらはお金をかけずにセルフアピールに使える便利なツールです。

多くの人がすでに活用しているこれらのツールをやみくもに否定することは、時代の流れを否定するのと同義であり、運を遠ざけてしまうので要注意です。

ＳＮＳの最大の利点は、協力者をどんどん増やしていけることです。

一度顔を合わせた人には、積極的に友達申請をすることを私はおすすめします。友達リストを断捨離する（P56）一方で、新たに出会った人とは、ひとまず、いつでもスムーズに連絡できるルートを押さえておくことに意味があります。

SNSは、エモーションリーディングに効果的

これだけインターネットが発展しているのですから、ＳＮＳによるネットワークは十分な武器になります。とくにフェイスブックの友達リストは、あなたにとっての協力者予備軍。まさにインターネットのなかの「成功環境」です。

そこで次に必要なのは、その人たちにどうアプローチしていくか、でしょう。

フェイスブックやツイッターなどの素晴らしい点は、相手の最新の状況やいまの気分が把握できること。

気になる相手がハッピーな投稿をしていたら、すかさずメッセージや電話をかけて、距離を縮めてしまいましょう。逆に、明らかに多忙な時期であることが推測できるなら、いまは「待ち」のタイミングです。

あなたも、妻や夫、あるいは上司や先輩の顔色を見て「いまは機嫌が悪そうだからやめておこう」と思ったことがあるでしょう。

しかしSNSを使えば、顔の見えない相手の感情を読み取ること、つまりエモーションリーディングができるのです。

私はつい最近も、さほど深い関係を築けていなかった経営者が、自社のファンドをつくって成功しているという投稿を見て、すぐに電話をかけました。

「おめでとうございます。私も自分のことのように嬉しいです。今度ぜひお祝いさせてください」

そう伝えると、相手も大喜びしてくれました。のちにあらためて会食が実現し、その社長とはいまも有意義なパートナーシップを結んでいます。

彼はいまでも事あるごとにこう言います。

「あのとき、サチンさんが真っ先にお祝いの電話をくれたんだよね」

たった一本の電話が、絶大な効果を生んだことがよくわかるエピソードといえるでしょう。

なお、最近はセレブと呼ばれる人たちの日常が、インスタグラムなどで垣間見られるようになりました。ラグジュアリーな場所で仲間たちと楽しそうにパーティーをしている1カットを、みなさんも目にしたことがあるでしょう。

そんな彼らの様子を見て、「お金持ちは気楽でいいな」というやっかみで済ませてはいけません。一見すると、単なるリア充アピールにしか見えないパーティーの風景も、じつはそこには、彼らがいつでも楽しい気持ちでいられる仲間を集め、ポジティブな環境をつくる意識を持っていることが見て取れます。

そうした環境づくりに徹しているからこそ、楽しい仲間、成功している仲間が次々に集まってくるスパイラルが生まれる。彼らはまさにそれを実演して見せてくれているのです。

この習慣のまとめ

20

SNSは最高の成功環境
友達リストは
自分の「協力者予備軍」

1分の習慣 21

SNSでのアウトプットは相手のメリットになる「情報」を書く

SNSの活用法は、単なる連絡手段だけにとどまりません。自身が発信者となり、つながっている友人たちに向けて効果的なアピールを行うこともできます。

たとえば、私が新しいビジネスをスタートさせたことをフェイスブック上で報告したとします。きっと、周囲のビジネスパーソンからさまざまな反応が得られるでしょう。

「自分はその領域に詳しいので、ぜひお手伝いさせてほしい」
「その国にはこういう人がいるから、今度紹介するよ」
「自分もそのビジネスを考えているんです。詳しく聞かせてもらえませんか?」

どのような反応が返ってきたとしても、これらはすべて、私にコミットしたいという意思表示です。わざわざこうしたリプライをくれるということは、すでに予備軍ではない正真正銘の「協力者」といっても過言ではありません。

投稿するようなネタがない、という人もいるかもしれません。

しかし、何も本を出版しようというわけではないのですから、肩肘《かたひじ》を張る必要はないのです。ビジネスパーソンのなかにも、他愛のない日常を投稿する人は少なくありませんし、だからこそ工夫ひとつで差をつけることも可能です。

意識すべきは、SNSをどのような目的で使い、それによってどのような自分を演出するか、でしょう。

最もよく見かけるのが、自分の食べたものをアップする投稿ですね。

これも、ただ「こんなものを食べた、おいしかった」で終われば単なるグルメ自慢ですが、店の名前や値段、空いている時間、その他のおすすめメニューなどもわかる範囲で書けば、読み手にとって「情報」に昇華《しょうか》します。

実際に食べに行くかもしれませんし、本当においしければ「教えてくれてありがとう！」と感謝もされるでしょう。

「旅行に行った」「こんな人に会った」「子供がこんなに成長した」……などの投稿についても同じこと。

気の利いた内容を上手な文章で書く必要はなく、読む側にとってメリットとなる「情報」が盛り込まれていれば、それは確実に記憶に残ります。

次に会ったときには思いがけない話の種になるかもしれませんし、そんなちょっとした接点により、交流が深まることもあるでしょう。

ＳＮＳで上手にアウトプットできる人は、多くのいい協力者に恵まれる。

そして、いい協力者に囲まれていれば、運は必ず好転するはずです。

私、サチン・チョードリーからあなたへの提案

そこでひとつ、私からあなたに提案です。

この本を読んだ感想を「＃運がいい人」「＃小さな習慣」「＃MAKE LUCK」というハッシュタグをつけてSNSに投稿してみてください。

どんな小さな感想でもかまいません。

フェイスブック、ツイッター、インスタグラム。なんであれ、私はあなたの投稿を見つけ、「いいね！」やリツイートをし、ささやかなプレゼントをお送りします。

そこから、私の友人、知人、セミナー受講生、本書を読んでくれている別の読者、あるいは私との交流が始まる可能性だってあります。

そして何より、文字に書いてアウトプットすることで、あなたが得たこと、学んだことをしっかり自分のものにすることができるのです。

この習慣のまとめ

21

SNSに相手のメリットを載せることでリアルな交流につながり協力者が増える

第5章 運がいい人は「お金への罪悪感」を捨てる

～お金の神様に愛されるには～

「儲ける」ことは悪いことだという誤解

日本は八百万《やおよろず》の神を信仰する国です。日本人は古くから、万物に神様が宿ると信じてきました。

その土地や田畑に宿る神様もいれば、太陽や月、あるいは風や雷、さらには馬、犬、オオカミなど、その対象を挙げれば枚挙にいとまがありません。なかには大きな岩や山、眼前に広がる海などを御神体とするお社《やしろ》もあります。

ちなみにこの「八百万」という言葉は、現存する日本最古の歴史書である『古事記』にも記載されている、伝統ある言葉なのだそうです。

それなら、「お金」にも神様が宿ると考えるのは自然なことでしょう。実際、インドでは「ガネーシャ」というゾウの顔を持つ神様が「富をもたらす」として大人気です。

ところが、日本では昔から、お金儲けに対してあまりいい印象がないようです。

これは私にとって未知の概念であり、少々驚くべき事実でした。

なぜならインドでは、一家団欒《だんらん》の場でお金の話をすることは日常茶飯事。朝の食卓で株価がいくら上がった、下がったという話が普通に飛び出しますし、私も自分の5歳になる息子に、いまから株式投資の勉強をさせています。

といっても、実際に取引をさせることはできませんから、一通りの手順を説明し、銘柄のセレクトと売買の判断をさせ、私が運用を代行するのです。

先日は、息子が株の売買で5千円の利益を出したので、そのお金でスパイダーマンのおもちゃを買ってあげました。

お金を稼ぐことができれば、ほしい物が手に入る。

そのことを知った息子は、「パパ、株をやろうよ」とよく私を誘ってきます。

なぜこのようなことを始めたかといえば、お金の大切さを知り、世の中のキャッシュフローの仕組みを知ることは、科学や語学、道徳などと同じくらい大切なことだと考えているからです。

少し前に、ZOZOの前澤友作社長が、私財1億円を投じて100人に

100万円をプレゼントするお年玉企画をぶち上げ、大きな話題を呼びました。

このときの世間の反応は象徴的で、何はともあれこの企画に飛びつき、応募する人もいれば、「とんでもない金の使い方だ」と批判する人もいました。

一方で、主に経営者に多かったのは「広告費としての効果を考えれば1億円は安い」「これはSNS時代ならではのうまい宣伝手法だ」という称賛の声でした。

1億円という金額のインパクトが大きすぎてさまざまな声が寄せられたわけですが、こうした反響が起きている時点で前澤社長の勝ち、というのが私の印象です。実際、このニュースをもって、ZOZOと前澤社長の名前は、それまで以上に世間に知られることとなりました。

しかし、全体としては批判的な声のほうが大きかったように記憶しています。

では、なぜ前澤社長のような行動は批判されてしまうのか。やはり日本は「清貧」の国だからでしょうか。たしかに、私利私欲を捨てて、貧しくても正しい行いに邁進《まいしん》することは、いかにも日本人らしい美徳です。

しかし、こうした考え方の影響で、お金を儲け、使うことがあたかも悪いことであるかのように誤解されてしまうのは、むしろマイナスであると私は考えます。

生きたお金の使い方とは？

お金持ちになりたい。

ビジネスで成功したい。

そうした目標を持つことは、悪いことではありません。私もある時期からは、明確に「お金を稼ぐ」ことを目指して努力を重ねてきました。

重要なのは、そのお金をどのように使ったか、です。

100円の価値を持つ商品を、100円玉と引き換えに手に入れる。これはごく普通のお金の使い方ですね。そこで私は、自分の運気の向上につながる用途にお金を使うことを推奨《すいしょう》します。

わかりやすいのは、やはり寄付でしょう。

東日本大震災発生時、ソフトバンクグループの孫正義さんが個人で100億円の義援金を贈ったときには、全国から拍手喝采を浴びました。
後でしっかりと述べますが、私は、寄付とは運を味方につけるための、素晴らしい行いであると考えています。

あるいは、他人から見れば割高な絵画を購入したとしても、本当に美術的な価値を見出し、心が豊かになるのだとすれば、印象は大きく変わるでしょう。
贅沢に思われる散財でも、それで本人が有形無形の大きな価値を得られるのであれば、運をプラスに変える有意義な買い物といえるのです。

お金の神様は、そうした〝生きた〟お金の使い方を好みます。そして〝生きた〟お金の使い方をする人のもとには、さらにたくさんお金が舞い込んでくるものなのです。

ぜひあなたには、お金に対する罪悪感を払拭し、お金の神様に愛されるような習慣を身につけていただきたいと思います。

1分の習慣 22

出費をリストとして書き出し可視化する

お金に対して覚える罪悪感のなかでも、最も一般的なのが「無駄遣い」。
生きたお金の使い方をするためには、最初にここを見直さなくてはいけません。

私がおすすめしたいのは、まずあらゆる出費を書き出してみることです。

今日一日、どんなことにお金を使ったのか、ざっと箇条書きしてみてください。
交通費や食事代、雑誌や飲み物、ネットショッピングなど、とにかくすべての出費を書き起こすのです。

その日いくらお金を使ったのか、具体的な金額を把握している人は少ないでしょう。だからまずは、可視化することで正確に把握する必要があるのです。

こうして、わかりやすくリスト化することを何日か続けていくと、自分のお金の使い方に、意外な傾向があることが発見できるでしょう。

リストを眺めながら、自分の消費行動としっかり向き合ってみてください。客観視することで、どのような感想が得られるかは一興です。そして次に思うはず。「こんな使い方をしていたら、お金が貯まるわけがないよな」と。

自分の消費行動のどこに無駄があるかを正確に把握するために、私はコンビニなどで私物を買うとき、ＩＣカードやクレジットカードは極力使わないようにしています。

こうしたキャッシュレス・ツールは非常に便利なものですが、どうしても細かな履歴がわかりにくくなるデメリットがあります。

領収書やレシートの類いも、できるだけ受け取っておいてください。夜、それらをテーブルの上に並べて一覧化すれば、どこに無駄があるのか割り出しやすくなります。

並べたレシートのなかから、「これは買わなくてもよかったかな」と思うものを赤ペンでチェックしていき、その合計金額を出してみるのもいいですね。スマホで無料の家計簿アプリをダウンロードすれば、金額を打ち込むだけで自動的に合算してくれます。

このように、日々の出費を可視化する習慣を身につければ、その日いくらのお金を浮かすことができたのかを、明確に知ることができます。

こうして無駄な出費を徹底的に排除すれば、財布にお金が残り、お腹まわりの肉が減るという、理想的なサイクルが生まれるはずです。

この習慣のまとめ

22

可視化することで初めてお金の使い方の傾向と無駄な出費が見えてくる

1分の習慣 23

お金で「時間」と「空間」を買う意識を持つ

こうして出費を可視化したら、次はその意味に目を向けましょう。

「お金を使う」という行為は、どんな意味を持つかによって、ポジティブにもネガティブにもなります。

たとえば渋谷から六本木へと移動する場合。

最も安上がりな方法は、歩くことです。

土地勘のない人にはわかりにくいかもしれませんが、渋谷駅から六本木駅までは、六本木通りと呼ばれる幹線道路を直進するのみ。

参考までにグーグルマップで経路検索してみれば、徒歩でおよそ40分の距離であることがわかります。

つまり徒歩を選択するということは、お金をかけない代わりに、40分という時間を支払うことと同義です。

しかし、多くの人は電車やバスでの移動を選ぶでしょう。ちゃんと交通網が整備されている区間を、わざわざ歩く必要はないからです。

地下鉄なら、約270円の電車賃を支払えば、ものの15分で移動できるのですから、非常にコストパフォーマンスのいい選択といえます。

では、ここでタクシーを使うとすれば、みなさんはどのような印象を持つでしょうか。

たった270円、わずか15分で移動できる手段があるのに、1000円近いコストをかけてタクシー移動する。

こうしたお金の使い方に、罪悪感を覚える人は多いでしょう。それなら、こまめに節約して貯金にあてたほうがいいのではないか、と。

そのお金の使い方は本当に贅沢か？

しかし、私の考えはちょっと違います。

タクシーを使えば、混雑具合にもよるけれど、渋谷から六本木まではおおむね10分程度。

10分あれば、メールを2〜3本打つことができますし、ニュースをチェックすることもできます。あるいは、軽く目を閉じて短時間の休息にあてるのも有意義でしょう。つまり、タクシーを使うことで10分の可処分時間が生まれるのです。

さらに、タクシーを使うということは、自分だけの空間が得られることでもあります。次のミーティングに備えて資料を広げたり、業務連絡の電話を1本入れたり、タクシーのなかではさまざまな作業を行うことができますが、これを電車のなかでやるのはマナー違反です。

もうおわかりでしょう。

タクシーを贅沢品と考える人は少なくありませんが、使い方次第では「時間」

と「空間」を買うことに等しく、金額以上のリターンが得られるのです。

要は、そのお金をかけることで、どのような「便利」が手に入るのか、もう一歩進んだ視点で吟味《ぎんみ》することが大切なのです。

新幹線でグリーン車を、飛行機でビジネスクラスを選ぶのもまた同様です。「浪費」や「無駄遣い」といった言葉にただ萎縮《いしゅく》してはいけません。

その金額を支払うことで快適な環境が得られ、ストレスなく仕事をこなすことができるのであれば、その費用対効果は必ずしも小さくはありません。

居心地のいい環境、気分のいい空間に身を置くことで、運の巡りも向上します。多忙なビジネスパーソンこそ、日頃から環境づくりにコストをかける意識を持っておくべきなのです。

この習慣のまとめ

23

「時間」と「空間」ほどコストパフォーマンスの優れた買い物はない

1分の習慣

24

コンビニの募金箱に釣銭を入れる

生きたお金の使い方として私が大切にしているのは、「寄付」や「ボランティア」です。

自らの夢を叶えて、成功して財を成したのであれば、次はそれを用いてどのように社会に貢献していくかが大切。

世の中の恵まれない人、困っている人のために貢献することは、運を招くことにつながると私は信じています。

じつは、2011年の東日本大震災のときに、個人として日本で一番寄付したのは孫正義さんなんです。前述した通り、個人のポケットマネーで100億円。

世界を見れば、ウォーレン・バフェットやビル・ゲイツなども、みんな財団を設立するなどしてボランティア活動をしていますが、もちろん、彼らの富は減るどころか増える一方。そういう活動をしている人には、運がついてまわるものなんですね。

ところが、日本には欧米諸国に比べて、寄付の文化が浸透していません。これは、日本の成功者に社会貢献の意識が希薄であることの表れでしょう。

社会に貢献することは単純に気持ちがいい

社会に貢献するためには、さまざまな手段があります。

◆被災地ボランティアに参加する
◆地域の清掃活動に参加する
◆稼いだお金のなかから寄付をする

大掛かりな活動に取り組むのが難しければ、コンビニのレジに設置されている募金箱に、お釣りからいくらかのお金を託すだけでもいいでしょう。これなら1分どころか、買い物のついでにほんの数秒で実行できます。

もちろん、第一に考えるべきは自身の仕事や生活、そして家族です。自らが不便を我慢して他人に尽くすことができるなら立派ですが、そのために社会貢献のハードルが上がってしまうのも考えもの。

あくまで無理なくできる範囲にとどめ、頑張って大きな貢献を目指すよりも、小さな貢献をコツコツと継続することのほうが有意義です。

世のため人のためになることをした後は、自分自身も晴れやかな気分になるものです。つまり、単純に気持ちがいいのです。

この効果は、決してバカにできません。

精神状態が整うと、人のパフォーマンスも上がり、運を引き寄せることができるからです。

社会に貢献することで自分自身を整える。そんな視点を持って、運気のDCAPをまわすことを意識してみてください。


もちろん私も、自分のできる範囲で社会貢献を続けています。

以前出版した本の印税をすべて被災地支援活動に寄付したのもそのひとつ。

そして、いつか実現したいのが学校づくりです。

世界には、この日本ですら、貧困で子供を学校に行かせられない家庭が数多くあります。そういう子供たちがお金の心配をすることなく安心して学び、温かいごはんを食べ、友達をつくることができる学校を日本にもインドにもつくりたい。

そのためには、まだまだ頑張ってお金を稼がなければいけませんね。

この習慣のまとめ

24

できる範囲でコツコツと小さな活動でも誰かの役に立てば運として自分に返ってくる

1分の習慣 25

相手のメリットになるような「話し方」をする

私たちインド人は、非常におしゃべりな人種です。

陽気な性格もそれを後押ししているのかもしれませんが、とにかく成功している印僑《いんきょう》たちは皆、弁が立つ人ばかり。

ビリオネアと呼ばれる世界の億万長者のうち、およそ10％をインド人が占めるといわれ、実際に世界の名だたる企業でインド人が活躍しています。

とくに多いのが交渉担当のポストで、それもインド人の話術が買われてのこと。

国際的な会議においては、議長の重要な役割は「インド人を黙らせることと、日本人をしゃべらせることだ」といわれるほど、日本人とは対照的です。

なぜ、同じアジア人でありながら、日本人とインド人でこれほどコミュニケーションスキルに違いが生じるのか。

これはおそらく、日本がほぼ単一民族国家であるのに対し、インドが多民族国家であることと無関係ではないでしょう。

インドではさまざまな文化的背景を持った民族が一緒に暮らしています。

そのため、何かを伝えたり、何かを理解させたりするためには、一から十まですべてを言語化して表現する必要があるのです。日本には「以心伝心」という言葉がありますが、インドではまず考えられません。

高いコミュニケーションスキルは、ビジネスシーンにおいて強力な武器になります。ただし、ここでいうコミュニケーションスキルとは、たくさんの情報を口頭で伝えられる能力のことではありません。

大切なのは、相手にとって有用な情報を話して伝える能力であり、相手の気を引き、一気に口説き落としてしまえるほど自分に興味を持たせる能力のことです。

自分のことばかり話していたら、お金も人も集まらない

私は常々、自分の会社やセミナーなどでこう言っています。

「高いコミュニケーションスキルがあれば、人は一生、お金に困らなくなる」と。

では、どのような話し方を心がければ、お金に困らないコミュニケーションスキルを身につけることができるのか。

答えは簡単です。それは相手にとってのメリットを簡潔に伝えることです。

私自身、いまでこそ話術やプレゼンテーションに自信を持っていますが、最初からそうしたコミュニケーションスキルを持っていたわけではありません。

初めてアメリカでベンチャーキャピタリストたちの前で事業のプレゼンを行ったときは、まるでいい結果が得られなかったことをおぼえています。

困り果てた私は、思い切ってあるベンチャーキャピタリストの方に相談しました。すると、その方はこんな助言をくれたのです。

「あなたは自分のこと、自分のやりたいことを40分間ずっとしゃべっていたけれ

ど、それを10分に短縮しなさい。そして、そのうちの5分間は、自分ではなく相手のメリットを話すのです」

自分のことよりも、相手のメリットを話す。これは意外な盲点でした。その時の私は、事業資金を得たいがために、ついつい自分がやりたいこと、そして成功する自信があるということを重点的にアピールしていたのです。

しかし、メリットがなければお金を出さないのは当たり前のこと。そこで、あらためて相手にとってのメリットを話そうとすると、たったの5分も持たない事実に気づかされました。なぜなら、これから金銭的なサポートを受けようというのに、自分は相手のことをまったく知らなかったからです。

考えてみれば、これは非常に失礼な話です。ベンチャーキャピタリストたちに対する敬意が、私には完全に欠落していました。

そこで次のプレゼンの機会には、相手のことを徹底的に調べあげました。そして、彼らの事業の方向性をリアルにイメージし、自分の事業がそこにどのようなかたちでコミットできるかを、具体的にシミュレーションしてみせました。

その結果、私が手掛けようとしているビジネスの意義が、たった10分で相手に伝わり、すぐに交渉はまとまったのです。

これには私も驚きました。話し方ひとつで結果がこうも変わるものなのか、と。これは営業やマーケティングなど、あらゆる職種に通じるメソッドでしょう。

本当の話し上手とは、相手のメリットを理解し、それをわかりやすく伝えられる人のこと。その事業に携わる人たちがいかにハッピーになれるかを伝えられれば、協力者は自然と集まってくるでしょう。そして、そんな魅力的な話ができる人であれば、お金の神様もきっと振り向いてくれるはずなのです。

この習慣のまとめ

25

最も重要なのは「自分」が伝えたいことではなく「相手」が知りたいこと

第6章

運がいい人は自分の「ファン」をつくる

〜まわりが応援団になれば、すべてが好転する〜

B to CからB to Fの時代へ

企業のマーケティングのセオリーに、「会社のファンになってもらう」という考え方があります。特定の商品やサービスを宣伝して売るよりも、会社ごと好きになってもらえれば、より多くの商品を末永く支持してもらえるという戦略です。

これは個人にもいえることではないでしょうか。

人生を好転させる最も大切なカギは、「人」です。

なぜなら、チャンスというのは人が運んでくるものだからです。

資格を取ったり語学を学んだりすることも大切ですが、それよりも、どれだけ周囲に人を増やせるかのほうが重要だと私は考えています。

世の中に情報があふれ、ひとつのジャンルにおいても商品やサービスが多様化しているいまの時代、企業にとってファンを獲得することは大事なことです。

料金やサービス・品質に明確な差があるなら選択は簡単ですが、そうでなければ、人はなんとなく好感を持っているほうを選びます。

その好感の源は、「前回、荷物の受け渡しをした際、配達員がとても感じがよかったから」「最近、SNSでCMが話題になっているからA社にしよう」といった、イメージによる部分であることも少なくありません。

ファンを増やすことができれば客は集まる。これはあらゆる業態に通ずる真理です。


言うなれば、B to C（コンシューマー）ならぬ「B to F（ファン）」。

つまりBusiness to Fanの図式をつくり、ファンを獲得できれば、その事業は成功が約束されたようなものなのです。

このセオリーをぜひ個人にも当てはめてみましょう。


とはいえ、自分のファンをつくるというのは簡単なことではありません。

愛想がよかったり礼儀正しかったりすることは大切な要素ですが、それだけでは「いい人」止まり。

これは流行りのレストランを例にしてみればわかりやすいでしょう。

予約が困難でいつも行列ができているレストランは、ただおいしいだけ、ただリーズナブルなだけではありません。必ず「プラスα」を持っています。

実際、あと一歩で100%の満足度が得られるのに、〝惜しい〟店というのがみなさんのまわりにも存在するのではないでしょうか。

◆味はいいけど、店員の態度が悪い
◆居心地はいいけど、ちょっと割高に感じる
◆雰囲気のいいお店だけど、メニューが少ない

どれも、あと一歩でファンになってもらえるチャンスを逃してしまっている、非常にもったいない店です。

アメリカでレストランチェーンを成功させた知人も、常々こう言っています。

「繁盛している一流店は皆、味やサービスのほかにも何か客にアピールするものを持っている」

スペックだけを整えても、人の心をとらえることはできません。たとえフランスの三ツ星レストランからシェフを引き抜いてきたとしても、それだけで満足せず、その店でしか食べられないメニューを考案するなど、独自の売りが必要です。一流の店は、すべての面で高いレベルのクオリティを保ったうえで、「プラスα」を持っている。これは人間も同じでしょう。

では、周囲の人たちに自分のファンになってもらうためには、何が必要なのか。これもやっぱりレストランと同じ。好感度を高く保つだけでは、顔見知りレベルで終わってしまいます。

必要なのは、その他大勢に埋もれることのない、あなただけの魅力と武器です。その武器を駆使して自分のファンをつくり、周囲に人が増えていけば、人生は必ずよい方向に向かいます。

1分の習慣

26

人と会う前には必ず鏡を見る

自分のファンになってもらうといっても、この場合、タレントとファンのような関係性とはまったくの別物。

あくまで対等な立場に立ったうえで、「なんだかこの人、いいな」と、無条件に味方をしたくなるようなポジションを目指さなければなりません。

そこでまず重視しておきたいのが、ファーストインプレッションです。

心理学の世界では、人のファーストインプレッションは出会った瞬間の最初の6秒で決まるといわれています。そう、1分も必要としないのです。

あなたにも心当たりがあると思いますが、世の中にはぱっと見ただけでも、なんだかウマが合いそうに思える人というのが一定数いるものです。

まだ会話もしていないのに不思議なものですが、ルックスや表情、物腰、雰囲気など、人はたとえ無意識であっても、視覚から受け取れるさまざまな要素から、瞬時に〝品定め〟をしています。

品定めという言葉が悪いですが、これは本能のようなものでしょう。至近距離で対面した相手が自分に危害を加える存在かどうかを見極めるのは、生物として必要な作業。だからこそ、人間関係は出会い頭の印象がとても重要なのです。

身だしなみを整えることで自分に自信が持てる

最初の印象で大きなマイナス点をつけられることがあるとすれば、それは身だしなみに問題がある場合がほとんどです。

身だしなみというのは「身の嗜《たしな》み」。相手に対する敬意を示すものです。最低限の清潔感を保っておくことは、相手を不快にさせないための嗜みなのです。

たとえば、定期的に鏡を見ることを習慣づけるだけでも、十分に身だしなみのケアになります。

朝、家を出るときはもちろん、人と会うアポイントの直前には、公衆トイレに駆け込んだり、あるいは手鏡を持ち歩いて自分の身なりをチェックする。

自分の顔を鏡に映して、ヘアスタイルが乱れていないか、ネクタイが曲がっていないか、鼻毛が出ていないかなどをチェックする。

よほど予期せぬ乱れがないかぎり、1分もあれば十分でしょう。

また、身だしなみが万全であることが確認できていると、自信を持って人前に出ることができます。

「鏡を見る」というシンプルな習慣には、一石二鳥の効果があるわけです。

この習慣のまとめ

26

第一印象の失敗は致命的 1分鏡を見るだけで〝品定め〟をクリアできる

1分の習慣 27

にこやかに、ゆっくりと適切な言葉で話す

アメリカの心理学者、アルバート・メラビアンの研究によれば、人は相手に対する印象の55％を視覚情報に頼っているそうです。先述した身だしなみの重要性は、まさにこのデータに裏打ちされています。

では、残る45％は何かといえば、聴覚情報が38％、言語情報が7％ということになります。これを「メラビアンの法則」と呼びます。

「メラビアンの法則」は、いかに人が視覚からの情報に影響を受けやすいかを示す理論ですが、だからこそファーストインプレッションでできるだけ点数を稼いでおくことが大切です。

最低限の身だしなみを整えたら、次に意識したいのが、「笑顔」です。笑顔というのは、私たちが最初に持ち出せる大きな武器です。

笑顔がポジティブな印象形成をもたらすことは、科学的にも証明されている事実。誰だって、無表情で話す人よりも、ニコニコと笑顔で話す人のほうがイメージがいいのは当たり前。職場でもどこでも、まわりに人が集まるのはいつも笑顔で明るい雰囲気を漂わせている人ですよね。

私の周囲の成功者たちを見ていても、営業や交渉にとりわけ強い人というのは、笑顔も上手なものです。

同じことを伝える場合でも、笑顔で語りかけたほうが相手の心を開かせやすいことを、彼らは経験的に知っているのです。

語り口にも相手への配慮を

そうした視覚によって、相手がファーストインプレッションの品定めを終えた後、今度は挨拶や名刺交換など、言語でのコミュニケーションに移ります。ここでも、相手は引き続き、対話を通してあなたの印象を補足していることを忘れてはいけません。

「メラビアンの法則」によれば、視覚情報に次いで重要なのが聴覚情報です。これは語り口や話のスピード、滑舌《かつぜつ》、声など、意外と多くの要素で構成されています。名刺を交換する際に添えた「○○と申します」という一言にも、相手からすれば多くの情報が含まれているので油断はできません。

声については生まれ持ったものですから、いまさら変えようがないでしょう。できることといえばせいぜい、ガラガラ声にならないよう、飲みすぎに注意することくらいでしょうか。しかし、会話のスピードや言葉の選び方は、努力次第でいくらでも改善することができます。

的確な敬語を自然に使いこなせるだけで、「あ、ちゃんとした人だな」と思わせることができ、早口にならないようスピードを意識するだけで、相手にとって聞き取りやすい会話ができるようになります。

とくに後者は、滑舌に自信がないならなおさら気をつけたいポイントです。

会話をする際には、早口になっていないか、適切な言葉遣いができているかどうかを時々意識するようにしてください。これも、ほんの1分でできることです。

トークの精度をさらに高めたいと思うなら、アスリートが自分のフォームを動画でチェックするのと同じように、ミーティングの際に自分がどのような話し方をしているか、スマートフォンで録音してチェックしてみるのもおすすめです。

自分の声というのはなんだか妙に聞こえるものですが、セルフチェックしてみることで、自覚していなかった口ぐせや、改めるべきポイントが見えてきます。

この習慣のまとめ

27

会話の最中に「笑顔」と「話し方」を意識すれば相手が受ける印象が格段に上がる

1分の習慣

28

相手の服装などから「共通言語」を見つける

自分のファンを増やすためには、日頃からいろいろな人と会うことも大切です。チャンスをくれる人間と出会う確率を上げるためにも、ネットワークは積極的に広げていきましょう。

ただ、もともと大の人見知りで、とくに初対面の人と何を話していいかわからないという人もいるでしょう。

その気持ちも理解できなくはありません。

何しろ相手についての情報がほぼ皆無なわけですから、よほどコミュニケーションの上手な人でなければ、最初から会話がはずむことなどありません。

しかし、だからといって話しかけられずにいる「遠慮」が、ときに大きな障壁となり、せっかくのビジネスチャンスを台無しにしてしまうこともあると知っておくべきです。

情報が少ないから何を話していいのかわからないというのであれば、考え方を逆転させてみましょう。

情報がないからこそ、最初の1分でそれを探すのです。具体的には、互いの共通言語を見つけましょう。

私が定期的に開催しているセミナーでも、毎回、全国から多くの人が集まるため、そこらじゅうで「はじめまして」という挨拶が交わされています。

最初のうちこそ、ややたどたどしくそれぞれが自己紹介をしたり、名刺交換をしたりしていますが、彼らはすぐに打ち解け、仲よくなります。

なぜなら、彼らには私という共通言語があるからです。

「このセミナーにはよく参加されているんですか?」
「いえ、私は初めてなんです。でも、いつもサチンさんのフェイスブックやメルマガで様子は拝見しています」
「そうですか。では、サチンさんの『○○』という本は読まれましたか?」

こんな感じで、特別に話し上手ではなくとも、共通の話題さえあれば、会話というものは芋づる式につながっていくものです。

相手をよく観察すれば「共通言語」探しは簡単

コミュニケーションスキルの高い人は、観察力に優れている人が多いものです。たとえば相手の服装や装飾品など、細かな部分から会話の糸口になりそうな材料を見つけ、そこから話をつないでいくのです。

よく、「いい天気ですね」とか「今日は寒いですね」などと当たり障りのない話題が用いられるのも、その日の天候や気温が最も簡単な共通言語だからです。

きっかけは何でもかまいません。

着ている服のブランドが自分の趣味に合っていたり、腕時計のメーカーに興味があったりするなど、あらゆるところに共通の話題の種は落ちています。

そして、少し関係性がほぐれてきたら、住まいや出身地などに話題を変えてみてもいいですね。もし、ご近所住まいであったり同郷であったりしようものなら、親密な関係を築くまであっという間です。

こうした最初のコミュニケーションは、のちのち、自分のファンになってもらうための大切な布石になります。

この習慣のまとめ

28

ファッション、趣味、出身地、住む街etc. 共通言語が見つかれば会話がスムーズになる

1分の習慣 29

相手のことを好きになる

目の前の相手に自分のファンになってもらうためには、まず、自分が相手を好きになることから始めなければなりません。

誰しも、自分に好意を持ってくれている人には、自分も好意を持ってしまうものです。これは心理学用語で「好意の返報性」といい、恋愛における重要な要素のひとつとされていますが、ビジネスや一般的な人間関係にも適用できることです。

ただ相手からの好意を期待するのではなく、相手に興味を持ち、相手のいいところを積極的に探すことが、自分のファンをつくるための第一歩と考えてください。

私がまだ一介の営業マンだった頃にも、この手法がものを言いました。

飛び込みで見込み顧客のもとを訪れると、当然そこには初対面の関係が生まれます。まして向こうからすれば、インド人の営業マンが突然やって来るのですから、戸惑いもあるでしょう。

インターフォンの時点で門前払いされることもあれば、邪険に追い払われるようなことも珍しくありません。

それでも、そうした対応に腹を立てることなく、できるかぎりの笑顔で失礼を詫《わ》び、その日は引き下がることを私は徹底していました。そして見込みがありそうなお客様には、翌日、翌々日と、何度でも足を運ぶのです。

相手の長所をイメージすることで自己暗示をかける

もちろん私も人間ですので、手ひどく追い払われた相手に無条件で好印象を持てるわけではありません。

そんなときは、そのお客様の長所を具体的にイメージして、「打ち解けたら楽しそうな人だな」とか、「聡明な人に見えるから、きっとこのサービスのよさを理解してくれるはずだ」などと、できるだけポジティブなシミュレーションを行うことで、自分を鼓舞《こぶ》したものでした。

やみくもに訪問を繰り返すと、なかには「いい加減にしろ！」と気分を害する方もいるので見極めが必要ですが、好意の気持ちは必ず伝わります。

「あなたにとって有益なサービスを提案したい」「あなたの仕事をもっと便利にしたい」という気持ちで接していると、そのうちに「しょうがないな、少しだけ話を聞いてあげるよ」となります。逆に、どれほど弁の立つ営業マンでも、内心で相手のことをバカにしていたら、決していい成績は残せません。

営業マンがお客様と、「いい天気ですね」「ご家族はお元気ですか」などと他愛のない雑談をしたがるのは、話題をふることで情報を引き出し、それを相手のことをもっと好きになる材料にするためです。

そのうえで、「あなたの力になりたい」「あなたの仕事に貢献したい」という思いがあれば、それは必ず伝わります。

まずは自己暗示でもいいのです。

もちろん、「○○さんは素敵な人だ」「自分はこの人が好きだ」とはっきりと言葉に出してみるのも有効です。

目の前の相手を受け入れ、他人を好意的に見る習慣をつければ、きっと相手も心を開いてくれるはず。

そうなれば、あなたのファンになってもらうまで、あと一歩。

最初からウマが合った人よりも、苦労して関係を築いた人ほど心強い応援団になってくれるものなのです。

この習慣のまとめ

29

「好き」という気持ちが相手の心を溶かし強力な応援団になってくれる

1分の習慣 30

「ギブ&ギブ&ギブ」で与え続ける

ビジネスシーンでは、「ギブ&テイク」という言葉がよく使われます。

これは何かを提供する代わりにその見返りを求める、五分五分の関係を意味する言葉です。しかし、私の考え方は少し異なります。

「テイク」を求めず、ひたすら「ギブ」するのです。

言うなれば「ギブ&ギブ&ギブ」。

とにかく与え続けるくらいがちょうどいいというのが私の考え方です。

ギブとはつまり、相手に何かを与え、貢献すること。「ギブ&テイク」を前提とすると、これは「貸し」になりますが、それでは意味がありません。

「いくら貸したから、いくら取り立てなければ」などと考えるのではなく、損得勘定抜きで提供し続ける〝気前のよさ〟こそが、相手の心に残るギブなのです。

私がソニーの出井さんに与えた「ギブ」とは

私は日頃から、さまざまな立場の人とお付き合いをしています。なかには私よりもはるかにステータスの高い人も少なくありません。ソニーで会長職まで経験なさった、実業家の出井伸之さんもその一人。

出井さんといえば、ソニーで10年間にわたってトップを務め、経団連の副会長も5年務めた方です。当然、経験や人脈、情報網など、どれをとっても私など足元にも及びません。

本書を手にした方のなかには、ご存じの方もいるかもしれませんが、そんな出井さんは、私のある著書に推薦文を寄せてくださったことがあります。

なぜそうした親密な関係を築くことができたかといえば、これも「ギブ&ギブ」の賜物でしょう。

出井さんは日本では広範囲にわたる人脈を持っていますが、東南アジアなどの新興国との付き合いは、比較的手薄でした。

そこで出井さんが東南アジア圏でのビジネスを手がける際、私がインドやシンガポールのビジネスパートナーを紹介した経緯があります。

もちろん、仲介料をいただくような話でもなければ、私自身がパートナーとして参加する案件でもありません。純粋に、出井さんの仕事に貢献できることが、私は嬉しかったのです。

おそらく、出井さんはこうした私の仕事に感謝してくださっていたのでしょう。

出版に際して推薦文をお願いしたところ、二つ返事でOKしてくださいました。

まさに「ギブ」の心得によって得られた、百万の援軍といえます。

しかしここで、「自分にはサチンさんほどの人脈も資金もないから、他人に与えられるものなんてない」と考えてしまう人もいるのではないでしょうか？

大きな間違いです。どんな人でも誰かにギブできるものを必ず持っています。

たとえば、まだ若く、ビジネスパーソンとしては未成熟な人でも、その世代のマーケティングには長けているはずです。若者のあいだで流行っていることを、切に知りたがっている人は少なくありません。

女性であれば女性ならではの感性、あるいは母親という立場からのアイデアを提案できることもあるでしょう。企画会議の席でも、男である私にはどう逆立ちしても思いつかない着想が、女性スタッフから飛び出すことは珍しくありません。

ひとつのコツとして、打ち上げや会食などの場で誰かと雑談をするときには、相手についてのキーワードをストックする習慣を身につけるといいでしょう。

「来月、妻の誕生日なんだ」
「今年は子供が受験を控えていて大変だよ」
「もうすぐ孫が生まれるんだ」

会話のなかで何気なく触れられた情報を、できれば忘れないようすぐにスマホや手帳にメモすることをおすすめします。

こうした情報を確実に押さえておいて、たとえばその人の奥様の誕生日が近づいてきた頃に、「奥様の誕生日におふたりでどうぞ」とワインをプレゼント。

また、お子様の受験には学業の神様のお守りを、出産のタイミングでは安産祈願のお守りをプレゼントするなど、高価なものでなくてもタイムリーな心遣いは、必ず相手の胸に残ります。たったひとつの「ギブ」でも、それがお互いの心の距離をぐっと縮めることになるのです。

誰にでも与えられるギブが「言葉」と「時間」

もっと簡単に、誰でも与えられるギブがあります。それは「言葉」です。


私の周囲にも、何かの折に「サチンさん、何か困ったことがあったらいつでも相談してよ」と言ってくれる人がいます。

これは社交辞令のようでもありますが、重要なのは「私はあなたのために動くつもりがありますよ」と、はっきり言葉にして表明している点です。

言い換えれば、こちらの味方であることを伝えてくれているわけですね。そんな相手のことを嫌う理由はひとつもありません。私はきっと、この人が本当に困っているときには、できるかぎりの協力を惜しまないでしょう。ならば、自分も同じことをすればいいのです。

あるいは、誰かが忙しいときにあなたに手伝う時間があるなら、それはあなたにしか与えられないギブです。

「ギブ&ギブ&ギブ」の精神を常に持ち続けていれば、気づかないうちにあなたのファンが周囲に増えているはずです。

こうした関係ができあがっていると、「信頼」を得ることができ、仕事もスムーズに進められますよね。それこそが、あなたが受け取る「テイク」です。

この習慣のまとめ

30

「ギブ&ギブ&ギブ」で与え続ければ「信頼というテイク」を受け取ることができる

1分の習慣
31

褒め言葉は事実の3割増しに盛る

相手を気分よくさせるトークといえば、「褒める」ことが一番。
その褒め言葉により効果を持たせるための秘訣は、事実の「3割増し」を意識することだと私は思っています。

たとえば私は、ある大手商社の社長と協業したときに、まずは相手の人格を褒め、ステータスを褒め、さらに会社の方針の素晴らしさを、いつもより念入りに褒めました。

根も葉もないことを言うのではなく、私が知るかぎりのその会社のいいところを、少々オーバーに表現して伝えたのです。

そうした〝つかみ〟のトークに気をよくしてくれたのか、その日の商談は最初から非常にいい雰囲気で運び、結果的に私は数千万円の仕事をゲットしています。

また、直球で相手を褒めるだけでなく、間接的な褒め方をすることで、効果はさらに上がります。

わかりやすいところでは、取引先の部長と親しくなりたい場合。直接本人を褒めることも大切ですが、むしろ本人が席を外しているタイミングで、その部下の方に言うのです。

「○○部長は本当にキレ者ですね。業界でも評判ですよ。こうしてご一緒させていただけるのは光栄です」

この褒め言葉は、高い確率で本人の耳にも入るでしょう。面と向かって言われるよりもリアリティがあり、はるかに気分がいいはずです。

こうしたちょっとした「褒め」の作法で周囲のおぼえがよくなれば、協力者はどんどん増えていきます。

まずは最も身近である家族から、3割増しで褒めてみてください。

私も普段から、妻や子供を積極的に褒めるようにしています。

たとえば妻が美容室から帰ってきたら、すかさず「おや、素敵だね。女優の○○さんみたいだよ」と言ってみる。美容室帰りの女性というのはたいていご機嫌なものですが、帰宅して夫からそんな言葉をかけられれば、さらにハッピーになることは請け合いです。

妻がハッピーでいると、家庭のなかが明るくなり、私も子供も幸せな気分になります。それが今日の疲れを癒やし、明日への活力を生むことになりますから、いいことずくめ。

あなたにとっても、「褒め」の効果を肌身で知るいい機会となるでしょう。

この習慣のまとめ

31

うそではなく事実をオーバーに言うことで「褒め」の信憑性が増す

1分の習慣

32

年下は「褒め言葉」＋「注意」で育てる

部下や後輩も、あなたにとって大切な援軍です。身近な後輩から尊敬されず、十分な協力を得られないようであれば、ビジネスが成功するはずがありません。

ここでもやはり、部下や後輩に自分のファンになってもらうことがポイントとなるわけですが、この場合、ただ甘い顔をして褒め続けるだけでは逆効果。ご機嫌をとってなあなあの関係を築くことと、ファンになってもらうことは真逆です。

では、部下や後輩がファンになるような人物とはどのようなものか。

それは自分を引っ張り、育《はぐく》んでくれる人です。

たとえば、「このあいだ出してもらった企画書、とてもよく書けていたよ。この調子で頑張って」と言われれば、部下のモチベーションも上がるでしょう。

しかし、モチベーションを上げるだけでなく、実力を伸ばすためには、「褒める」ことに加えて「注意する」ことが必要です。

具体的には、「企画書、とてもよかったよ。でも、こういう視点が盛り込まれていたら、さらによくなるね」と言えば、その部下は言われたポイントを改善し、次はさらにいい企画書を作りあげようと努力するでしょう。

以前、まだ小学校低学年だった甥っ子に対して、言葉遣いを注意したことがありました。彼は学校の成績もよく、幼い頃から習っているピアノの技術もなかなかのもの。しかし、周囲の大人に何かを言われた際に、「あ、そう」と返事をすることが私は気になっていました。

そこであるとき、こう言い聞かせたのです。

「君は勉強もピアノもできる、本当に優秀な子だね。だからこそ、もったいないなあ。あとは言葉遣いさえ上手になれば、日本一の天才小学生になれるのに」

「何それ、どうすればいいの？」

「じゃあまずは、まわりの大人の人に返事をするときに、『わかりました』と言うようにしてごらん。それだけでもだいぶ変わるはずだから」

この直後から、彼はすべての返事に敬語を使うようになりました。

急激な成長ぶりに、周囲の大人たちもびっくりしていたものです。


会社の部下や後輩も同様です。あなたが「自分を伸ばしてくれる先輩」だと認識されれば、自ずと支持は得られるでしょう。これこそが、年長者からの「ギブ」であり、ファンを増やしていくための秘訣なのです。

この習慣のまとめ

32

褒めるだけでは軽んじられ
注意だけでは
信頼関係を築けない

第7章 運がいい人は日常を「ルール化」する

～毎日の習慣に意識を向け、新ルールを設ける～

毎日の日課となっている習慣とは、言葉を変えれば自分との「約束」です。それは自分を律するためのルールに等しいものです。

たとえば、あなたが社会人であるなら「身だしなみを整える」という暗黙のルールがあるため、誰に命じられるでもなく、必ず寝癖を直したり髭《ひげ》をそったりして出かけることが習慣化しているはずです。

人は易きに流れる生き物であるということは、これまで述べてきた通り。日常にいくつものルールを設けることによって、私たちは社会の一員として生きていくことができます。

こなすべきことを定型化し、無条件にそれを実行することをルールづけていれば、思考のリソースを費やすことなく行程をひとつ終えることができ、効率的でしょう。そこにはもはや、意識は存在しません。

そして、この無意識下で行っている行動こそが、私たちに運や不運をもたらしているのです。

なぜなら、それが「日常」として常にそばにあるものだからです。

この章では、ともすれば見過ごしがちな毎日の習慣に意識を向け、運気を上げるための新しいルールを設けることが課題です。

毎朝歯を磨くことが、（多少面倒であっても）苦ではないように、新しいポジティブな行動を習慣化することは、さほど難しいことではありません。

そして、さらに一歩踏み込んで考えてみてほしいのです。

習慣だからと、なんの疑いもなく毎日こなしていることは、果たして本当に必要なことでしょうか？

必要であるとして、そのやり方が本当に適切なのでしょうか？

あるいは逆に、何気なくこなしていることが、じつは毎日の生活に重要な意味を持っていたりはしないでしょうか？

何気なく送っている日常を、ほんの少しだけアレンジすることで、生活に明確な変化が生まれる。

私自身が今日まで実践してきたそんな日々の習慣を、順に見ていきましょう。

1分の習慣

33

食事のルーティンを「一日3食」から変えてみる

日本人は長らく、一日3度の食事をとることが当たり前の生活を送ってきました。子供の頃であれば、家で朝ごはんを食べて、学校で給食を食べて、家に帰って晩ごはんを食べるというのが毎日のパターンであったはず。

しかし、給食制度の普及していないインドで育った私からすると、これはユニークな環境に見えます。

だからというわけではないのですが、私は現在、一日2食の生活をキープしています。

朝は固形物をほとんど食べず、せいぜいヨーグルトの乳酸菌でお腹をリセットする程度。昼は仕事先でランチをとったり、ビジネスパートナーと会食をしたり、その日の都合に合わせて食事を設定します。

そして夜は、会食や飲み会などのイベントがなければ、食事の時間に間に合うように帰宅して、妻の手料理をいただきます。

誤解しないでいただきたいのは、この生活をあなたにも真似してほしいわけではないということです。あなたにはあなたの体と生活にマッチした食事のサイクルを見つけてほしいのです。

思い切って朝食を抜いたら頭も体もすっきり

私がこうした一日２食の生活に落ち着いたのは、あくまで自分の心身の調子と相談した結果でした。

私の場合、朝食をとりすぎると頭がまわらなくなったり、眠くなったりすることが多々あります。これはおそらく、体質的なものも大きいのでしょう。

若い頃はそれでも、食べなければ体がもたないと無理してごはんを口にしていた時期もありました。しかし、どうにもパフォーマンスが上がりません。

そこである日、思い切って朝食をカットしてみると、その日は午前中から頭も体もすっきりとした状態で、バリバリと仕事がはかどりました。

慣れないうちは空腹を感じることもありましたが、正午にランチタイムを迎える日本では、わずかな辛抱に過ぎません。

むしろ満腹で頭に血が巡らないような状態よりも、よほど健康的に思えました。

それに気づいて以降、朝食抜きが私の生活スタイルとして定着したのです。

子供の頃、「朝ごはんをちゃんと食べなさい」と叱られたことのある人は多いでしょう。育ち盛りの時期には、それは必要な教えです（実際、日本の子供はインドの子供よりも発育がいいように見えます）。

しかし、大人になったいま、当時の教えを疑うことなく守り続ける理由はないはずです。

朝からたっぷり米を食べたほうが、一日中ずっとパワフルに動けるという人もいれば、晩ごはんを抜くことで胃腸が休まり、目覚めが快適になるという人もいるでしょう。

いずれにせよ、その日のスタートを快調に迎えられるペースというのが、誰しもあるはずです。

何も考えずに「一日3食」が当たり前というルールに流される必要はありません。まずは試しに、3食のどれかをはずす、あるいは減らしてみるのです。

それがつらければ、また元に戻せばいいだけの話。

食生活から現在のルーティンを疑い、自分にとってのベストを探してみてください。

この習慣のまとめ

33

ベストな食生活は人それぞれ「一日3食という常識」に縛られる必要はない

1分の習慣 34

起床・就寝の時間を手帳やスマホに書き記す

就寝と起床は、一日のリズムをつくる最も大切な要素のひとつ。しっかりとルールをつくる必要があります。

そこで私がおすすめしたいのは、毎日の起床時刻と就寝時刻を決めて、それを手帳やスマホに書き記すことです。

わざわざ書かなくても、という意見もあるでしょう。

しかし、これが「目標」ではなく、あくまで「スケジュール」であることが重要なのです。

とくに就寝時刻については、帰宅時刻が日によって異なるため、毎日決まった時刻に床につくのは難しいという人も多いはず。でも、だからこそあらかじめ就寝時刻を決めておくことで、生活に〝サイクル〟が生まれます。

ずるずる二次会、三次会……を避けるために

たとえば毎日、深夜0時に眠り、朝7時に起きると決めたとしましょう。すると、この時間から逆算して、仕事を終えた後の行動パターンが決定できます。

0時に眠るということは、21時、22時には帰宅しておきたいところ。残業さえなければ、20時には帰宅して、入浴を済ませて家族としばしの団欒《だんらん》の時間をとったとしても、0時就寝はそう難しいことではありません。

では、もし飲み会などイレギュラーな予定が入ったらどうするか。

社会人にとって夜の社交は大切ですから、睡眠時間を確保するために欠席するというのは現実的ではありません。

0時に就寝するためには、遅くても23時までには帰宅する必要があります。移動にかかる時間にもよりますが、飲み会が22時頃に終わったとしたら、すで

に時間いっぱい。もし「もう1軒」というムードになっても、二次会を断る理由が生まれます。

なぜなら、0時就寝は優先順位の高い「次の予定」であるからです。

私もさまざまなビジネスパートナーとの飲み会や、スタッフたちの歓送迎会に参加することがあります。

しかし、自分が設定している就寝時刻を守るために、よほどのことがないかぎり二次会まで顔を出すことはありません。

決してお酒の席が嫌いでも苦手でもないのですが、翌日の自分のパフォーマンスを想像すると、無理をして二次会に顔を出しても、十分に楽しむことができないのです。

こうした規律が生まれることが、この習慣のポイントです。

自分で決めた就寝時刻と起床時刻さえ守っていれば、毎日7時間の睡眠が確保でき、いつでもベストコンディションでいられます。

おまけに時間的なリミットが決まっていることで、つい飲みすぎてしまうことも避けられるのですから、二日酔いもありません。体調管理において、まさしく一石二鳥というわけです。

人は「今日は8時間は眠るぞ」と決意したところで、ずるずると夜更かししてしまいがちですが、「何時に寝るぞ」と目標設定をすれば、意外と守れるもの。

さっそく今夜から試してみてください。

何時に眠り、何時に起きるかを決めるのは、誰でもいますぐ実践できること。歯磨きや着替えと同じようにルール化されてしまえば、恐ろしく健康的な毎日を過ごすことができます。

それが運を呼び込むことは、説明の必要もないでしょう。

この習慣のまとめ

34

スケジュールとして書くことで起床・就寝時刻が「予定」となり一日のサイクルが生まれる

1分の習慣 35

30分早く起き、うがい、シャワー、体重測定を朝の3点セットに

次は起床後、朝のルール設定です。

まず、余裕を持って起床時刻を設定することは大前提。

目覚まし時計に叩き起こされるようにして目を覚まし、ぼんやりした状態のまま洗顔や着替えをしていると、気がつけば家を出なければいけない時刻が迫っていて、大慌てで荷物を整える――。

これでは理想的な状態でその日の仕事を始めることはできません。

30分を睡眠にプラスオンするよりも、その分早く起きてコンディションを整えれば、一日のパフォーマンスは格段に上がります。

私の場合、起床後はまずうがいをして、シャワーを浴びるようにしています。体の隅々まで洗うことが目的ではありません。水を浴びてリフレッシュするためなので、忙しい朝の時間帯であっても、ものの1分ほどあれば十分です。

なぜシャワーを浴びるのかといえば、水というのは古来、邪気を祓《はら》って運気を高めるのに効果的といわれているからです。これは日本にも同様の考え方があり、冷水を浴びる水ごりの行などが有名ですね。

うがいで口のなかをきれいにして、頭からシャワーを浴びて邪気を落とす。頭から水を浴びながら目をつむっていると、不思議なもので昨日あったイヤなこともすっきりと洗い流されていくのがわかります。うがいとシャワーがメンタルを切り替えるスイッチになっているわけです。

さらに、服を脱いだついでに体重計に乗ることも習慣に加えてみてください。体重は夜の入浴時に量るという人が多いかもしれませんが、体重というのは一日のなかでも耐えず変動しています。

とくに夜の体重というのは、その日の夕食の食事量を反映するため、純粋に自分の体の質量を表しているとはかぎりません。

体重を定点観測するなら、一夜明けた朝がいいでしょう。そうすることで、自分の体の変化に敏感でいられるはずです。

もし、「最近ちょっと太ってきたな」と気づいたなら、その日のランチからでも、少し炭水化物や糖質を控えるなどの対応が可能です。

これが夜だと、あとは眠るだけなので、うやむやになってしまいがちです。

うがい、シャワー、そして体重測定。これが私の毎朝の3点セットです。

こうした習慣を守ることで、見違えるように一日を快適に過ごすことができるはず。みなさんもぜひ試してみてください。

この習慣のまとめ

35

自分の健康状態を知り
快適に一日を始めることが
運を呼びよせる

1分の習慣 36

家族の写真を肌身離さず持ち歩き、眺める

ここで少し、私のプライベートな話をさせていただきましょう。

私は2012年、38歳のときに結婚しました。

相手は日本人の女性で、出会った当時は国際線のキャビン・アテンダントとして働いていました。

出会いの場は、機内ではなくシンガポールで開かれた食事会です。

私は当時コンサルティングを担当していた企業に出向くため、彼女はフライトで、お互いがたまたま現地を訪れていたからこそ生まれた縁でした。

2人の子供にも恵まれ、現在はビジネスで多忙な日々を過ごしながらも、賑《にぎ》や

かな家庭で暮らしています。

では、結婚したことで、私の生活はどう変わったのか？

最大の変化は私の内面にありました。妻がいること、子供がいることで、モチベーションの源が明らかに変わったのです。

家庭を持つことで得られたもの

気ままな独身生活を送っていたときは、「もっとお金を稼ぎたい」「もっといい暮らしをしたい」といった目標ばかりが原動力になっていました。

しかし結婚してからは、「妻をもっと笑顔にしたい」「子供にいい環境をつくってあげたい」といった、家族に向けた意欲というものが生まれたのです。

ここで重要なのは、自分が一人ではないという意識づけです。

誰かのために頑張る感覚を持ち、家族の存在を力に変える。これは自分一人のために頑張るよりも、はるかに強力なモチベーションになります。

日常のなかにはつい思考を停止し、流されてしまいそうになることがあります。
どれだけ強固な意志の持ち主でも、人間であれば必ずそういう場面が存在します。
そんなときに自分を律し、正しい方向へ導いてくれるのが、家族の存在なのです。
何かの都合で妻や夫が家を空けたとたんに、部屋は散らかしっぱなしで食器も洗わず、洗濯物は山と積まれ、ダラダラと夜更かしをするなんてことは、最もわかりやすい例でしょう。

そこで私は結婚して以来、いくつかの習慣を日常生活に取り入れています。

たとえば、スマートフォンの待受画面を家族の写真にして、事あるごとにその存在を意識すること。遅くなるときは必ず妻に電話を入れて、その際に子供の様子を確認すること。

また、妻に対して毎日「愛してるよ」と伝えることも忘れません。

自分がいまビジネスを頑張れるのも、家族のおかげ。だからこそ、家族からもっともっとエネルギーをもらってさらに高みを目指したいのです。

独身の人であれば、この先の結婚生活を意識して、そのときに必要になるであろう要素を思い浮かべてみるといいでしょう。あるいは、故郷で暮らしている両親や兄弟・姉妹を思い浮かべることも力になります。

家族の存在を具体的に意識することでモチベーションが生まれ、さらなる成長をつかむことにつながる。私の場合がまさにそのケースでした。

そもそもインド人は、ファミリーを大切にする民族です。子供の頃、自分以外の複数の家族と生活をともにしていたのは、いまも楽しくて温かい記憶です。

それはつい流されてしまいがちな現状から脱却する、ひとつの大切なヒントなのです。

この習慣のまとめ

36

家族の存在を意識することで日常に流されそうな自分を律することができる

第8章

運がいい人は「神様」「ご先祖様」を味方にする

～願い事ではなく感謝を捧げる～

神様が味方だという自信が運気のDCAPをまわす

私たちインド人は信心深い民族です。

仏教発祥の地としても知られるインドは神様を大切にし、重んじる国で、1万人もの神様がいます。お釈迦《しゃか》様の国籍もインド。お盆もお経もすべてインドから生まれたもの。そんなお国柄ですから、私の母も毎朝、神様にお祈りを捧げるのが日課になっていました。

私も含めて、インドでは誰もが神様の存在を信じて疑わないのです。

こうした信仰心は世界で活躍する印僑《いんきょう》たちにとって、心や考え方の中軸になっていることをみなさんにも知ってほしいと思います。

もし神様が存在するのだとしたら、人生の命運を左右する運は、きっと神様の采配《さいはい》によるものでしょう。

私自身、神様の存在を心から信じています。

人間が持つご縁。閃《ひらめ》き。運命。

すべてが一人の人間の力で決まるものとは思えず、そこには常に何か大きな力が働いていると私は考えています。


だからこそ、こうして日々、幸運に恵まれていることに対して、常に神様への感謝を忘れません。


もちろん、神頼みで物事がうまくいくものではありません。

神様は私たちに自ら考えることができる脳を与えてくれました。考えてみればこれは、すでに大きな幸運です。

幸運は自然に降ってくるものではありません。自ら運を高める努力をする必要があります。

そこで私は、年に一度は必ず伊勢神宮に詣《もう》で、定期的に愛宕《あたご》神社に参拝し、神様に対して日頃の感謝を伝えるようにしています。


その際に、願い事はしません。神様がすでに与えてくれている幸運に感謝し、

それをこれから自分がどのように生かしていくのかを報告するのです。

そして、報告したからには実行しなければ神様に対して失礼。

有言実行を果たすことで神様が味方になってくれると信じているから、行動力が生まれるのです。

これはご先祖様に対しても同じことです。

重要なのは、人生を好転させるために「運のＤＣＡＰをまわす」という発想を持つことで、そのための考え方や行動を日常生活に取り入れる必要があります。

この最終章では、「運がいい人」になるために、私が日頃から神様やご先祖様に対して心がけ、実行していることを紹介しましょう。

1分の習慣
37

神社の前を通るときは足を止めて一礼する

インドからやって来た私はいわば、日本の神様にとってよそ者です。

しかし、日本で暮らし、日本でビジネスを行い、そして日本で家族を幸せにするためには、この国を守っている神様にも応援してもらわなければなりません。

そこで私は、自分が暮らす街の神様に対して、常に感謝を捧げることを欠かさないようにしています。

たとえば、自分が生活している地域、仕事をしている地域の氏神《うじがみ》様に詣でることは、私にとって恒例行事のひとつです。

引っ越しをすると私は、荷解《ほど》きもそこそこに、まずは近所の神社に、「これからよろしくお願いします」と参拝してまわります。地図を見ながら、家の近くにあるすべての神社に詣でるのです。

仕事で新しいオフィスを構えたら、やはり同じように徒歩圏内にある神社をすべてまわり、ご挨拶と事業の成功を祈願しますし、現在住んでいる港区内の七福神をすべて歩いてまわり、ご挨拶も済ませました。

いまでも月に一度は、オフの日の朝に近くの神社をまわり、手を合わせながら日頃の感謝と近況を伝えるようにしています。

成功者ほど神社へのお参りを欠かさない

人間同士のコミュニケーションと同じように、感謝というのは具体的な言葉と行動にしなければ伝わらないものです。家で寝転がりながら「神様ありがとう」と念じるだけでは、運気は上がりません。

実際、成功者と呼ばれる人たちの多くは信心深く、足繁く神社に参拝する人が

少なくありません。神社は何かをお願いしに行く場所と誤解している人も多いですが、成功者はお礼を伝えに行くのです。

誰しも感じることでしょうが、神社はとても「気」のいい場所です。

1000年以上も続いている伝統と由緒のある神社も珍しくありませんし、これほど長きにわたって多くの人々が足を運び、手を合わせた場所に、パワーがないわけがないのです。いわば聖域に身を置くことで、謙虚な気持ちを取り戻す効果もあるでしょう。

私のまわりにも、定期的に精神状態をリセットするためにお参りを欠かさないという実業家が複数います。

こうした習慣によって、運気のDCAPをまわしているわけですね。

その気になれば、通勤の途中や帰り道、ちょっとした買い物の途中でも、近所の神社に詣でることは誰にでもできること。

その時間もなければ、神社の前で足を止め、一礼し、お礼を述べるだけでもか

まいません。1分に満たない簡易的な参拝でも神様はちゃんと見てくれています。

あなたがまだ、暮らしている街の氏神様へご挨拶を済ませていないなら、いまからでも遅くはありません。自己紹介がてら、ぜひ足を運んでみてください。

なお、これは余談ですが、私は神社へ行ってもおみくじを引くことはしません。なぜなら、自分は常に大吉であると信じているからです。

亡き親族や神様とのコミュニケーションを欠かさず、運気のDCAPをまわす意識を持ち続けている私は、いい運を持っているはず。

自分は神様やご先祖様のご加護を受け、常に大吉だと信じているのに、わざわざその自信を揺るがす必要はありません。

この習慣のまとめ

37

神様への感謝とお礼は
形式ではなく心の在り方
1分でも十分に伝わる

1分の習慣
38

お墓の前でも足を止めその家族や子孫の幸福を願う

最後にいつお墓参りに行ったか、おぼえていますか？

もう何年もお墓を訪れていないという人もいるかもしれませんが、たいていの人は、帰省した際にお墓に参ったり、仏壇にお線香を手向けているのでしょう。

私が日本で暮らすなかで違和感を持っているのは、ほとんどの人がお盆などの決められた時期にしかお墓参りをしていないことです。

祖霊信仰（祖先崇拝ともいいます）は、主にアジア圏の風習である印象が強いですが、じつは世界中に見られる文化です。

人がこの世に生まれるためには親、祖父母、曽祖父母、すべての先祖の存在が不可欠。亡くなった先祖が、いまを生きている私たちの生活に影響を与えていると考えるのはごく自然なことでしょう。

そうした先達を敬い、感謝の念を捧げるのは私に言わせれば当然のことです。

といっても、様式にとらわれる必要はありません。

たとえばインドではお墓をさほど重視せず、亡くなった親や祖父母の写真を飾り、毎日出かける前に手を合わせたり、そっと触れて挨拶をしたりすることが日常の風景となっています。

私も家に亡くなった父親の写真を飾り、毎朝必ず手を合わせています。

亡くなった家族というのは、自分にとって天国に最も近い存在。だから敬意をはらうのです。

スピリチュアルブームの影響か、神様へのアピールに熱心な人は増えているように感じます。しかし、ご先祖様への感謝が足りていない人もよく見かけます。

足しげくお墓に通えとは言いません。

遠く離れた故郷にお墓や仏壇がある人もいるでしょう。

一日1分、あるいは30秒でも、心のなかでご先祖様にお礼を言いながらそっと手を合わせるだけでもいいのです。

まずは、自分が常に守られていると信じること。そして、それに対する感謝の気持ちを忘れてはいけません。

土地を守るお墓にも手を合わせ、祈る

もうひとつ大切なのが、手を合わせるのは自分の先祖だけではないということです。

私の家のすぐそばに大きなお墓があるのですが、購入前にその話を聞いたときは、やはり抵抗がありました。しかし考えてみれば、この土地はそこで眠っている彼らが築き、守ってきたもの。そして、今も彼らのオーラに包まれています。だったら、ここに住む私にとって縁のない人たちではありません。これからお

世話になる人たちであり、私と家族を見守ってくれる人たちです。

そんな人たちの眠るお墓が、悪い場所であるはずがありません。

だから私は、子供が生まれたときにそのお墓にご挨拶に行きましたし、お墓の前を通るときは、必ず心のなかでこう唱えます。

「ここに眠っているみなさんの子孫、ご家族、孫たち、みんなが健康で豊かで幸せでありますように」


ぜひあなたも、近くのお墓の前を通るときは足を止め、感謝し、そこに眠る方々の家族や子孫の幸福を願ってみてください。

自分を守ってくれる存在が一気に増えたような気持ちになれるものです。

この習慣のまとめ

38

先祖供養を日常のものにすれば自分が守られている感覚を得られる

1分の習慣 39

太陽にも毎朝の感謝を捧げる

朝、目を覚ましたらカーテンを開け、太陽の光を全身に浴びる。何気ない日常の一幕ではありますが、これもじつは大切なことです。

室内を明るい日差しで満たすだけで、清々しい一日のスタートとなります。これは住環境にいい気を満たす効果があります。

だから、寝坊したからといってカーテンを開けることもせず、バタバタと支度をして家を飛び出すようではもったいない。

できれば、太陽にも毎朝挨拶をするくらいの心のゆとりは持っておきたいものです。

寝起きに東から昇る太陽を見て、まずは「昨日はありがとうございました」と感謝を捧げる。そして、「今日も一日、よろしくお願いします」と手を合わせます。

子供ができたときにも、私はそれを朝日に向けて報告しました。

「今後は親子ともども、見守ってくださいね」と。

これは科学的にも意味のあることです。

太陽の光を浴びると、メラトニンと呼ばれる睡眠を司るホルモンの分泌がストップします。そして同時に、脳の覚醒を促すセロトニンの分泌が活発化されることがわかっています。

つまり、寝起きに太陽の日差しを浴びることで、すっきりとしたコンディションに整えることができるのです。

仕事上のパフォーマンスにも、この習慣はプラスに働くでしょう。

太陽は生物にとって大きな恵み。お日様の力なくして健やかに生きることはできません。私は、ある程度ビジネスで成功を収めてからは、必ず大きな窓のある、太陽の光をめいっぱい取り込める部屋に住むようにしています。窓がなければ人は元気を失います。たとえワンルームマンションであったとしても、広さよりも日差しを重視することをおすすめします。

日当たりはお金を出してでも手に入れるべき。なぜならそれは、太陽の神様が与えてくれるライトだからです。

インドに伝わる神話では、太陽神スーリヤとして信仰対象になっているほどで、光を浴びることで私たちは強いエネルギーを得ることができます。だからこそ、神様やご先祖様と同じように、太陽にも感謝の念を捧げてください。

これも運のＤＣＡＰをまわすための、効果的なルーティンとなるでしょう。

この習慣のまとめ

39

**日当たりは何より重要
太陽の光が心身に与える効果は
科学的にも実証されている**

1分の習慣 40

インドの風水「ヴァーストゥ」を生活に取り入れる

日本でも大人気の風水。

物の配置や気の流れをコントロールすることにより、気の巡りをよくしようという風水の考え方は、きっとあなたや、あなたの身近な人にもさまざまな影響を与えていることでしょう。


じつはインドにも風水があります。「ヴァーストゥ」と呼ばれるものがそれで、もともとは古代インドから伝わる思想です。

ヨーガが心身を内面から調整するものなら、ヴァーストゥは現代の建築環境工

学や心理学、脳科学に通ずるものであり、生命と環境の調和を目指します。

一説には中国の風水のルーツもここにあるとされ、インドでは長く人々の思想や行動に影響を与えてきました。

世界で活躍する印僑を大勢送り出してきた名門・インド工科大学でも、このヴァーストゥの思想をカリキュラムに取り入れているほどです。

ぜひ、あなたも今日から生活にヴァーストゥの思想を取り入れてみてください。

前の章で紹介した、朝必ずシャワーを浴びるというのもそのひとつ。水によって邪気を祓《はら》い、リフレッシュ効果を得て一日のスタートを快適に演出する習慣です。

また、仕事や勉強に取りかかる前に、1分だけでいいので机のまわりの掃除をするのも効果的です。これは単にきれいな環境で気分よく過ごすためだけではありません。科学的にも書類や雑貨など身のまわりの整理をするうちに、脳が自然と仕事モードに切り替わり、集中力を高めることがわかっています。

仕事場や寝室などで、物の配置をアレンジして少しでも気分のいいレイアウトを見つけてみるのも、ヴァーストゥのひとつ。

周囲の人々への感謝を忘れず、お礼の言葉を実際に口に出して伝えることも、ヴァーストゥのひとつ。

これらはおまじないの一環のように思われるかもしれませんが、脳科学に裏打ちされた、快適性を得るための施策なのです。

ヴァーストゥの考え方では、自分自身を自然環境、地球環境の一部としてなじませることで、大きなエネルギーが得られます。

周囲をきれいに保ち、できるだけ体によく自然に近い食品を摂取し、地球を味方につける。そうして運を高めることで、あなたは一歩ずつ目標に近づいていくはずです。

この習慣のまとめ

40

インド式風水のメソッドで自然環境の一部となり気持ちよく毎日を過ごす

おわりに

この本には、私が培《つちか》ってきた「運がいい人」になるための考え方、行動の仕方、それを自分のものにするための「小さな習慣」をすべて詰め込みました。

それらが大きな努力を要するものではなく、視点さえ切り替えれば誰にでもその日から取り組めるものであることも、よくご理解いただけたのではないでしょうか。


しかし、実践していくのはあなた自身です。

習慣には、完成もゴールもありません。

この本で紹介した「小さな習慣」も、ぜひあなたなりに改善・改良・上書きを繰り返し、あなた仕様につくり変えていってください。

そして気がつけば、それらはしっかりと日常に根づき、あなたに運を運んできてくれるでしょう。

この本の最後に、ひとつ面白い計算式を紹介しましょう。

それは、毎日の1％の積み重ねが1年後には約38倍になるというものです。

まずはゆっくり一呼吸おいて、昨日までの自分を思い返してみてください。そして、昨日の自分よりも1％だけ習慣を変えてみる。

それだけでいいのです。

たとえば、メディアから流れてくるネガティブなニュースを朝の時間帯だけシャットアウトしてみたり、つい口をついて出る愚痴を、かたちだけでもポジティブな表現に言い換えてみたり。

大切なのは、その1％を毎日積み重ねていくことです。


昨日までの自分のパフォーマンスを100％とした場合、そこに1％の改善を加えたら、101％のパフォーマンスに仕上がります。

同じく、2日目には101％×101％で102.01％。そして3日目は

——と続けていけば、1年で101%の365乗、つまり3778%のパフォーマンスが得られる計算になります。

実に、38倍近い成果が得られるわけです。

まさに「継続は力なり」。

そして、じつはあなたは、すでに最初の1%の取り組みを終えています。

それは本書を手にし、読み終えたことです。

意識を改め、毎日の生活にたった1分のルールを取り入れる準備は、もう整いました。

いま、あなたには無限の可能性が開かれています。目指す目標に向けて、今日も小さな習慣とともに、ポジティブに生きていきましょう。

そんなあなたの人生にこの本が伴走し、素晴らしい日々を送るための一助となれれば、これにまさる喜びはありません。

サチン・チョードリー

サチン・チョードリー氏をもっと詳しく知りたい人へ

オフィシャルサイト&SNSを今すぐチェック!

サチン・チョードリー氏のメルマガやSNSをチェックしよう。ビジネスやプライベートにおける交流や、すばらしい行動力、日常での気づきなどが日々アウトプットされ、成功へのヒントが満載。「小さな習慣」が自然と身につく。

オフィシャルサイト

Sachin
Chowdhery
Official Site

▶ http://sachin.jp/official/

サチン氏の最新ニュースから、イベント情報まで網羅されたオフィシャルサイト。なかでもサチン氏が登録者だけに発信するメールマガジンは必読。下記の方法で登録しよう。登録者にはセミナー映像がプレゼントされる。

メールマガジンの登録方法

①上記、オフィシャルサイトにアクセスし、「Present」タブをクリックする

②フォームにメールアドレスと名前を記入する

③「今すぐに無料購読する」ボタンを押す

▼下記のバーコードからも登録できる!

オフィシャルSNS& 英語ブログ

サチン氏の日常の気づきや、最新情報、英会話メソッドをチェック!

FACEBOOK
@schowdhery

Instagram
@schowdhery

Twitter
@schowdhery

英語ブログ
「1DAY,1ACTION」

▶ https://english-coach.jp/blog/

「運がいい人」になるための小さな習慣
世界の成功者が実践するたった1分のルール

発行日　2019年6月3日　第1刷
発行日　2023年1月10日　第5刷

著者　サチン・チョードリー

本書プロジェクトチーム
編集統括　柿内尚文
編集担当　小林英史、菊地貴広
編集協力　友清哲、齊藤美穂子、油谷俊昭
デザイン　鈴木大輔、江﨑輝海（ソウルデザイン）
校正　柳元順子
DTP　山本秀一、山本深雪（G-clef）

営業統括　丸山敏生
営業推進　増尾友裕、綱脇愛、桐山敦子、矢部愛、相澤いづみ、寺内未来子
販売促進　池田孝一郎、石井耕平、熊切絵理、菊山清佳、山口瑞穂、吉村寿美子、矢橋寛子、遠藤真知子、森田真紀、氏家和佳子
プロモーション　山田美恵、山口朋枝
講演・マネジメント事業　斎藤和佳、志水公美、程桃香

編集　栗田亘、村上芳子、大住兼正、山田吉之、大西志帆、福田麻衣
メディア開発　池田剛、中山景、中村悟志、長野太介、入江翔子
管理部　八木宏之、早坂裕子、生越こずえ、名児耶美咲、金井昭彦
マネジメント　坂下毅
発行人　高橋克佳

発行所　株式会社アスコム

〒105-0003
東京都港区西新橋2-23-1　3東洋海事ビル
編集局　TEL：03-5425-6627
営業局　TEL：03-5425-6626　FAX：03-5425-6770

印刷・製本　中央精版印刷株式会社

Printed in Japan ISBN 978-4-7762-1038-2